CB079160

VOCÊ NÃO PRECISA SER CHEFE PARA SER Líder

Livro um presente
inteligente
Livraria Aeroporto
SSA-BAHIA
Fone: (71) 3377-6899

MARK SANBORN

VOCÊ NÃO PRECISA SER CHEFE PARA SER Líder

SEXTANTE

Título original: *You Don't Need a Title to Be a Leader*
Copyright © 2006 por Mark Sanborn
Copyright da tradução © 2009 por GMT Editores Ltda.
Todos os direitos reservados.
Publicado originalmente pela Doubleday, um selo do The Doubleday Broadway Publishing Group, uma divisão da Random House, Inc, Nova York.
Publicado em acordo com a WaterBrook Press, uma divisão da Random House, Inc.

tradução: Paulo Polzonoff Jr.
preparo de originais: Melissa Lopes Leite
revisão: Hermínia de Castro, Isa Laxe e Maíra Alves
projeto gráfico e diagramação: Marcia Raed
design da capa: Chika Azuma
adaptação da capa: Miriam Lerner
pré-impressão: ô de casa
impressão e acabamento: Cromosete Gráfica e Editora Ltda.

CIP-BRASIL. CATALOGAÇÃO-NA-FONTE
SINDICATO NACIONAL DOS EDITORES DE LIVROS, RJ

S189v

Sanborn, Mark
Você não precisa ser chefe para ser líder / Mark Sanborn [tradução de Paulo Polzonoff Jr.]. – Rio de Janeiro: Sextante, 2009.
Tradução de: You don't need a title to be a leader
ISBN 978-85-7542-478-0

1. Liderança. I. Título.

CDD 158.4
09-1160 CDU 159:316.46

Todos os direitos reservados, no Brasil, por
GMT Editores Ltda.
Rua Voluntários da Pátria, 45 – Gr. 1.404 – Botafogo
22270-000 – Rio de Janeiro – RJ
Tel.: (21) 2286-9944 – Fax: (21) 2286-9244
E-mail: atendimento@esextante.com.br
www.sextante.com.br

Para os meus pais,
Leslie e Dorothy Sanborn,
que me deram uma base sólida.

Para o Dr. Earl Kantner,
meu mentor e amigo.

Sumário

Introdução

O vice-presidente de uma multinacional de tecnologia precisava selecionar alguém de sua equipe para chefiar um grande projeto. Não bastava encontrar alguém que fizesse um bom serviço. Ele queria um líder apto a realizar um excelente trabalho.

Depois de pensar e refletir cuidadosamente, ele abordou Bob, um colega considerado bastante promissor. Bob havia demonstrado um enorme potencial. O trabalho dele em projetos anteriores fora exemplar. Como o desempenho é um dos melhores indicativos de realizações futuras, o executivo decidiu que Bob seria o escolhido.

Depois de explicar o projeto e o que ele queria que Bob fizesse, o vice-presidente fez o convite.

Após uma breve pausa, Bob respondeu: "Suponho que você me promoverá a diretor se eu me sair bem neste trabalho."

A resposta inesperada de Bob fez com que o vice-presidente repensasse a proposta. Quais eram as verdadeiras motivações de Bob? Seria ele uma pessoa movida pela necessidade de contribuir ou pela necessidade de lucrar? Ele agiria pensando no que era melhor para a empresa ou apenas no que era melhor para si mesmo? Depois de uma breve hesitação, o vice-presidente explicou que assumir a tarefa não significava obter uma promoção. Ainda acrescentou que, por causa das preocupações de Bob, talvez ele não fosse a pessoa certa para chefiar o projeto. O vice-presidente retirou sua oferta e voltou a seus afazeres.

Depois de alguma reflexão, ele pensou em outro nome. Gail não era membro da sua equipe – na verdade, trabalhava como freelance –, mas o vice-presidente sabia de sua atitude proativa, e tudo o que ele precisava era de uma pessoa preparada, com habilidade para resolver problemas. Por isso, o executivo resolveu pedir a Gail que chefiasse o projeto.

Por causa da experiência anterior com Bob, ele a abordou com certa apreensão.

– Gail, mesmo se você aceitar este desafio e for bem-sucedida, não posso lhe garantir um cargo de direção.

A moça nem sequer hesitou.

– Tudo bem – disse ela. – Eu não preciso de um cargo para ser líder.

Liderança é influência

Eu não poderia ter dito nada melhor. Você não precisa de um cargo para ser líder na vida. E o simples fato de exercer uma posição de chefia não faz de você um líder.

Com o passar dos anos, aprendi que todo mundo tem a oportunidade de liderar, todos os dias. Não importa a posição que você ocupa nem há quanto tempo está na função atual, se administra sua família, uma associação de pais e mestres ou uma das empresas listadas pela revista *Fortune*. Qualquer um, em qualquer nível, pode aprender a ser líder e ajudar a influenciar o mundo ao seu redor.

- Você tem as rédeas da sua vida e da sua carreira?
- Você inspira ou influencia as pessoas?
- Você interfere na qualidade de vida delas?
- Você trabalha para alcançar metas específicas, colaborando com os outros ou coordenando seus esforços?

Se você respondeu "sim" a qualquer uma das questões, então já é um líder.

O escritor e palestrante John Maxwell descreve a liderança como uma *influência positiva*. Essa é a mais simples e elegante definição que eu conheço do termo.

Pelo que sei, as pessoas se tornam líderes por diferentes razões. Algo que elas certamente têm em comum é a paixão pela vida e pelo que fazem. Quem exemplifica muito bem esse comportamento é Karen Wood, da Academia do Exército Americano de West Point, estado de Nova York. Há mais de 20 anos, ela trabalha como assistente do general-de-brigada.

Se não fosse pela obstinação e pela perseverança de Karen, Donald Stewart, um veterano da Segunda Guerra Mundial, talvez jamais recebesse o merecido reconhecimento por seu trabalho como médico nos campos de batalha em 1943. Sob fogo inimigo, ele salvou a vida de muitos soldados. Quando Karen descobriu que o Sr. Stewart jamais havia recebido a Estrela de Bronze por sua coragem e bravura, ela trabalhou incansavelmente nos bastidores para fazer com que isso se tornasse realidade. Por causa da idade avançada do veterano de guerra, Karen sabia que era essencial que ele fosse premiado quanto antes. Enquanto organizava vários eventos importantes em West Point, ela encontrou um modo de apressar a burocracia e fazer com que o Sr. Stewart recebesse a condecoração.

Durante anos, o sonho de Karen foi se tornar oficial de protocolo. Mas em vez de se candidatar ao cargo, ela preferiu simplesmente exercer a função de assistente com o máximo de dedicação, paixão e desprendimento, demonstrando suas melhores qualidades para os oficiais com os quais trabalhava. Os graduados do alto escalão da Academia sabiam de seu extraordinário desempenho, de sua liderança e de suas qualificações. Por causa disso, não foi uma surpresa saber que Karen foi promovida há pouco tempo. Ela agora é uma oficial de protocolo, subordinada ao superintendente da Academia.

"Eu acredito que, se você der 110% de sua capacidade, seu retorno será 10 vezes maior", diz ela. Como mãe solteira de uma adolescente de 15 anos, essa é a ética de trabalho que ela tenta ensinar também à filha. "A vida é o que você faz dela. Quanto mais você investe, mais recebe de volta."

Como age um líder?

As principais características de um líder são:

- Eles acreditam que podem moldar positivamente a própria vida e a própria carreira.
- Lideram por meio dos relacionamentos, e não por meio do controle sobre as pessoas.
- Colaboram em vez de controlar.
- *Persuadem* os outros a contribuir em vez de obrigá-los a isso.
- Fazem com que as pessoas os sigam por respeito e comprometimento, e não por medo ou submissão.

O teste da liderança

Apesar do que dizem os mitos populares, líderes – com ou sem um cargo – não nascem prontos. Eles *aprendem* a liderar. O verdadeiro teste da liderança é fazer com que as pessoas o sigam, mesmo que você não tenha um cargo que lhe permita recompensá-las ou puni-las.

Talvez você não tenha percebido que já é líder. Pode ser que faça parte de um grande grupo de pessoas que eu chamo de "subposicionadas". Em outras palavras, sua posição não reflete tudo o que realiza. Se isso se aplica a você, não deixe que a falta de um título o detenha. Você *é* um líder. (Por outro lado, todos conhecemos "líderes" que têm cargos cheios de pompa, mas que são qualquer coisa, menos líderes.)

Para finalizar, há muitos livros sobre liderança, com "L" maiúsculo. O foco deste livro está na liderança com "l" minúsculo – seja você um balconista, contador, gerente, vendedor ou um pequeno empresário. Os princípios aqui reunidos tratam das pequenas coisas que cada um de nós pode fazer todos os dias para influenciar positivamente nossos clientes, colegas de trabalho, amigos e nossa comunidade.

Você se torna um líder quando procura:

- Ter controle sobre a própria vida
- Melhorar a empresa em que trabalha
- Aproveitar novas oportunidades
- Melhorar o serviço oferecido aos clientes
- Influenciar os outros a fazerem o melhor
- Solucionar problemas
- Contribuir para o aprimoramento das pessoas
- Fazer do mundo um lugar melhor

E você não precisa ser chefe para agir assim.

PARTE 1

Um líder é...

Eles não precisaram ser chefes para ser líderes (e você também não precisa)

Andrea

Um famoso político disse certa vez: "Quanto mais longo for o nome do cargo, menos importante será o trabalho."

Se isso for verdade, então Andrea Stoller tem um trabalho realmente importante. Basta perguntar a qualquer um que teve contato com ela na escola onde trabalha há 15 anos.

Andrea não tem diploma de professora. Não tem nem mesmo um "cargo" propriamente dito. O que ela faz? Quase tudo. Ela exerce dezenas de funções, incluindo as de contadora, enfermeira, recepcionista, secretária, coordenadora do processo de admissão, responsável pelo material escolar e inspetora dos alunos. E, embora não tenha um cargo definido, ela gosta do título evocado pelos quase 200 estudantes todos os dias. Eles a chamam de "mãe".

Estou convencido de que, no coração de cada empresa de sucesso, estão uma ou várias pessoas sem cargo definido, exatamente como Andrea.

Um dia, Andrea recebeu a notícia, por telefone, de que uma das alunas havia morrido em um acidente de carro quando ia para casa após o treino de futebol. Ao descer do carro, a adolescente fora atingida acidentalmente por outro veículo, morrendo em seguida. A tragédia foi devastadora para a família da menina, para seus colegas de turma e também para o rapaz que ela namorava na época, Simon.

Depois do acidente, Simon caiu em profunda depressão, evitando as pessoas e negligenciando as atividades escolares. Andrea reconheceu os sinais de depressão e se empenhou em dar apoio ao rapaz. Ela se ofereceu para auxiliá-lo em suas tarefas e para lhe dar aulas particulares, apesar de não ter diploma de professora.

Na formatura, todos aplaudiram quando Simon subiu ao púlpito para fazer o discurso. Ele agradeceu especialmente a Andrea por tê-lo ajudado a chegar até ali. Hoje, o jovem que quase perdeu a esperança com a morte da namorada é um skatista famoso nos Estados Unidos. Seguindo o exemplo de Andrea, ele procura encorajar outros estudantes que enfrentam adversidades.

Andrea se tornou uma figura tão importante na escola que muitos alunos fazem de tudo para estagiar como auxiliar de escritório com ela. Eles não só aprendem a realizar tarefas administrativas como também sabem que receberão uma atenção especial quando estiverem sozinhos com Andrea. Ela escuta os adolescentes, dá conselhos e assistência quando estão doentes ou precisam de ajuda. Na verdade, ela tem um coração tão bondoso e compreensivo que até os pais a procuram para falar sobre os próprios problemas (divórcio, questões envolvendo os filhos, etc.).

Durante um verão, uma escola de ensino fundamental da cidade pegou fogo. E o colégio onde Andrea trabalhava precisou abrir espaço com rapidez, a fim de abrigar os estudantes que seriam transferidos para lá. A idéia era construir vários prédios anexos em seu terreno.

Por causa da urgência das obras, Andrea e seu marido trabalharam até tarde da noite por semanas, para que a escola pudesse abrir no prazo agendado.

Andrea conseguiu até um lugar provisório para abrigar as turmas que ainda estivessem sem sala – a igreja que ela freqüentava colocou suas dependências à disposição. Como resultado das "negociações", a escola pagou um aluguel mínimo por esse espaço.

Andrea Stoller ainda não tem um cargo. Mas ela lidera e influencia os outros de modo significativo todos os dias.

Um cargo é bom para quê?

No mundo de hoje, dá-se muito valor ao cargo de uma pessoa, embora, por si só, isso signifique muito pouco.

Certa vez fiz uma pesquisa em meu site a respeito das razões que levam as pessoas a agir como líderes. Uma mulher respondeu: "Quero governar o mundo algum dia, e acho que ser líder na minha empresa é um bom ponto de partida."

Seu desejo ressalta o apelo dos cargos de chefia: eles sugerem que a pessoa alcançou poder, posição, prestígio e privilégios.

Mas os cargos de chefia são tão poderosos assim? O que um cargo *realmente* confere a quem o ocupa?

O jornal *The New York Times* publicou um artigo sobre o chefe de comunicações internas da Amtrak (estatal americana de transporte ferroviário), cujo cargo mudara de diretor para diretor executivo. Mas a alteração não se deveu a uma promoção. Quando a empresa reduziu o número de diretores de 85 para 10, deram-lhe o novo título para que ele se sentisse melhor – na reestruturação, ele tinha sido um dos poucos escolhidos para integrar o alto escalão. Que impacto isso teve sobre seus subordinados? "Não significou nada", admitiu.

Às vezes é mais fácil dar a um funcionário um cargo que soe importante do que pagar um salário maior (muito embora, de acordo com uma pesquisa, 85% das pessoas recusariam uma posição mais alta em troca de um aumento salarial de 10%). Marc Cenedella, presidente e CEO do TheLadders.com, um site de empregos para executivos, diz: "Você nunca será contratado com base apenas no seu cargo atual. Ele é mais útil dentro da sua empresa e também serve para saber como você é visto pelos demais."

Em outras palavras, um cargo não descreve uma função. Pode sugerir algumas coisas, como ter responsabilidade sobre outros funcionários ou atingir metas. Mas não define o que uma pessoa *faz* especificamente – dá apenas uma vaga idéia.

Na verdade, quando se trata de poder real, cargos são quase sempre enganosos. Mesmo no nível de um CEO, se ninguém gosta do chefão, ele pode ser completamente ignorado por seus subordinados; por outro lado, um funcionário respeitado, mas em outro nível hierárquico, pode exercer uma influência significativa sobre os outros.

É impossível que o organograma de uma empresa reflita a realidade de todas as pessoas que agem como líderes ou exercem liderança na corporação. É por isso que as chamo de "líderes sem cargo". Pode ou não ser responsabilidade delas liderar outros funcionários, e mesmo assim todos os dias elas influenciam e guiam aqueles ao seu redor.

Lembre-se de que influência e inspiração emergem da pessoa, e não do cargo que ela ocupa.

Um exército de leões

Filipe da Macedônia, pai de Alexandre, o Grande, disse: "Um exército de cervos guiado por um leão deve ser mais temido do que um exército de leões guiado por um cervo."

Talvez seja verdade, mas creio que Filipe deixou escapar o ponto mais importante: *Um exército de leões guiado por um leão é o que há de mais assustador, porque ele é invencível.*

O que pode ser mais poderoso do que ter uma liderança forte e eficiente no topo da sua organização? Ter uma organização de leões na qual *todos* são líderes.

Nas fábricas da Toyota, cada empregado na linha de montagem tem autoridade e responsabilidade para interromper a produção a qualquer momento, se sentir que é necessário. O controle de qualidade e a solução de problemas não estão nas mãos dos que têm cargo de chefia. Se alguém percebe um problema na linha de montagem, deve tomar a iniciativa de chamar a atenção para isso, em vez de permitir que passe despercebido e se torne um defeito no depósito de uma concessionária ou na garagem de um usuário do veículo.

Minha amiga Susan me contou a história da melhor recepcionista que ela já conheceu. Na mesa dessa mulher havia uma placa na qual se lia: RECEPCIONÓPOLIS. POPULAÇÃO: 1. Quando alguém perguntava a ela qual era o seu cargo, ela respondia: "Imperatriz intergaláctica."

Ela podia não se levar muito a sério, mas em relação ao seu serviço era diferente. Atuava como líder justamente no primeiro ponto de contato da empresa com o público.

Um instalador de TV a cabo que conheci em um dos meus seminários se orgulhava dos muitos serviços adicionais que prestava aos clientes por ocasião de suas visitas, como ajustar o relógio dos aparelhos eletrônicos e ensiná-los a usar os recursos com que mais se confundiam. Ele não se considerava um instalador, e sim um "consultor de entretenimento caseiro".

Um voluntário em uma organização sem fins lucrativos, encarregado de atender telefonemas, recebeu uma ligação de um doador descontente. O benfeitor estava se sentindo desvalorizado. O voluntário foi capaz de transmitir a ele a mensagem de que a organização estava grata por sua ajuda e esperava contar com a lealdade dele à causa. Por fim, a sinceridade e a convicção do voluntário fizeram com que o doador não só permanecesse ativo como aumentasse sua contribuição.

Grande e pequena liderança

Muitas pessoas acreditam que liderança tem a ver com atos grandiosos e decisivos que entram para a História: Abraham Lincoln e a abolição dos escravos nos Estados Unidos, Churchill e seu discurso de "sangue, suor e lágrimas" durante a Segunda Guerra Mundial.

Sim, esses eventos históricos certamente exemplificam atos de extraordinária liderança e coragem. Mas o que não percebemos é que nossas ações e nossos esforços cotidianos também exercem um impacto significativo.

Rosa Parks não tinha idéia do efeito que causaria quando se

recusou a ceder seu lugar no ônibus a um homem branco em Montgomery, no Alabama, em 1955. Ainda assim, suas ações e sua coragem mudaram o curso da História americana e ela se tornou um ícone da luta pelos direitos civis dos negros naquele país.

Quando você realiza seu trabalho – qualquer trabalho – com a iniciativa e a determinação de fazer uma diferença positiva, você se torna um líder.

Sandra Dowling, fundadora da Escola Pappas para estudantes sem-teto em Phoenix, no Arizona, explica desta forma o poder da liderança individual: "Quando um professor novo vem à escola, eu digo a ele: 'Se você escolheu o magistério para fazer a diferença, seja bem-vindo. Mas nesta escola você não *fará* a diferença. Você *será* a diferença.'"

Um convite à excelência

Se você é grande o bastante para o seu sonho,
o seu sonho não é grande demais para você.
– ERWIN RAPHAEL MCMANUS, PASTOR E ESCRITOR

Quem é um líder?

Um dia, minha secretária me informou pelo telefone: "Tem um tal de cadete Green na linha dois. Acho que você vai querer conversar com ele."

Foi assim que ouvi falar do cadete Shawn Green, da Academia da Força Aérea dos Estados Unidos.

Naquela época, a Academia era assunto freqüente de matérias nos jornais por conta dos muitos problemas que estava enfrentando, e nenhuma das notícias recentes era positiva.

Green me ligou para dizer que havia lido *O que aprendi com meu carteiro sobre o trabalho e a vida.* Ele achava que a mensagem do meu livro precisava ser compartilhada na Academia. Por isso tomou a iniciativa de me ligar e perguntar se eu estaria disposto a ir até lá dar uma palestra. "Sou apenas alguém que quer melhorar as coisas", disse-me ele.

Esse indivíduo extraordinário não se intimidou pelo desafio de entrar em contato com pessoas que ele não conhecia mas que achava que poderiam ser úteis. Ele não tinha nem como pagar minha apresentação. Na verdade, Green teve que conseguir aprovação oficial para que eu falasse de graça. Ele era só um cadete, mas certamente pensava como um líder.

Como resultado de seu audacioso pedido, o escritor Stephen Covey (autor de *Os 7 hábitos das pessoas altamente eficazes*) e eu demos uma palestra para a recém-formada turma de cadetes. Conhecer os melhores entre os melhores que estavam determinados a servir o país foi uma experiência marcante, daquelas que não vou esquecer tão cedo.

As pessoas que lideram se esforçam para melhorar as coisas.

Todos queremos causar algum impacto no mundo ao nosso redor. Ninguém quer ser jogado de um lado para outro na vida por forças que não pode controlar. Faz parte do processo de amadurecimento perceber o tamanho da influência que exercemos sobre o nosso ambiente, desde a família até os amigos, da escola à carreira.

As escolhas que fazemos têm um impacto imenso no tipo de educação que recebemos, em nossa experiência profissional, nossos relacionamentos e nossa qualidade de vida.

Você acha que faz a diferença?

"Hoje, eu vou mudar o mundo."

É isso o que diz a si mesmo quando se olha no espelho de manhã?

Provavelmente, não.

E ainda assim nós mudamos a história todos os dias, não apenas para nós mesmos, mas também para nossa família, nossa comunidade, nossos empregadores e nosso país. Algumas das maneiras de provocar uma mudança são notáveis: conquistar um grande cliente, arrecadar dinheiro para caridade, ajudar a treinar um time de futebol infantil. Outras são discretas: deixar alguém passar à nossa frente no trânsito, dedicar tempo a um colega que precisa conversar. Mas nenhuma delas é trivial.

Não estou sugerindo que a liderança seja feita apenas de simples manifestações de cortesia. Ainda assim, os líderes percebem o extraordinário impacto desses gestos sobre as pessoas e o ambiente. Eles optam conscientemente por exercitar seus talentos, habilidades e conhecimentos para ajudarem a fazer a diferença.

O que você quer?

O professor de sociologia e palestrante Tony Campolo afirma que, se você perguntar aos pais o que eles querem para os filhos, a maioria dirá que quer que sejam felizes.

Campolo vai além, dizendo que cresceu em um lar onde seu pai não se *importava* com a felicidade dele. O pai dele queria *mais* para seus filhos do que apenas a felicidade. Queria que cada um deles fosse bom, uma pessoa ética que fizesse contribuições positivas. Quase sempre isso requer trabalho duro e auto-sacrifício, além da iniciativa de colocar as necessidades dos outros à frente das suas. São coisas que, a curto prazo, podem não nos tornar "felizes". Mas elas nos ajudam a sermos bons e a fazermos a diferença. Ser feliz é invejável, mas fazer o bem é verdadeiramente admirável. Requer caráter, integridade e perseverança.

Às vezes ser bom não é um propósito grande o suficiente.

Como disse Erwin McManus, pastor da Mosaic Church de Los Angeles: "Perdemos tanto tempo querendo que nossas crianças sejam boas – não desrespeitem as regras, não se metam em problemas, se comportem – que *quase sempre nos esquecemos de instigá-las a serem excelentes.*"

Para mim, a definição da verdadeira liderança é "um convite à excelência que fazemos aos outros". Mas há um problema. Não podemos dar aquilo que não temos. Não podemos estender um convite que ainda não aceitamos.

Há pouco tempo, em uma convenção, um membro da associação que patrocinava o evento se ofereceu para ajudar na organização geral. Como Rick estava ocupado com os preparativos entre as sessões, desistiu de assistir à maioria delas durante toda a convenção. Ele não recebeu nenhum pagamento além da valorização dos chefes da associação, e ainda pagou a taxa normal para assistir às palestras.

Rick foi um exemplo entre tantos que trabalham como líderes sem cargo, executando as tarefas imprescindíveis porém nada glamorosas.

Nunca faltam voluntários para projetos importantes ou de grande visibilidade. Embora eu não queira menosprezar a importância do "grande show", fico ainda mais impressionado pelos líderes que sabem o que deve ser feito por trás das cortinas para que o grande show aconteça. Eles assumem compromissos difíceis e que demandam muito tempo não porque queiram ser elogiados ou aparecer, mas porque sabem que aquelas tarefas precisam ser feitas. Como resultado, todos saem ganhando.

A verdade é que muitas vezes nós trabalhamos "nos bastidores" de nossas vidas. Os verdadeiros líderes mostram o mesmo comprometimento com a excelência em qualquer coisa que façam, seja no palco ou nas coxias.

Não confunda liderança com fama

Recentemente, o canal Discovery exibiu um especial a respeito dos 100 americanos mais ilustres de todos os tempos. Durante um mês, Matt Lauer apresentou quatro programas semanais, convidando o público a votar na internet. Dos 500 mil votos apurados, saiu uma lista com os 25 americanos mais importantes. Entre eles estavam Abraham Lincoln, Arnold Schwarzenegger, Bill Clinton, Billy Graham, Thomas Jefferson, Tom Cruise, Walt Disney, John F. Kennedy, Dr. Phil e Michael Moore. A mistura entre grandes líderes históricos e nomes do entretenimento como Michael Jackson e o magnata do mercado imobiliário Donald Trump trouxe à tona a questão: o que nós achamos que é ser importante?

Na minha opinião, a fama se baseia no que nós *conquistamos*, mas a verdadeira importância está no que *doamos*. É contribuição oferecida por meio da ação.

Barbara Stammer

Os planos de carreira de Barbara Stammer mudaram quando estava com 19 anos. Nessa época, ela cursava a faculdade para se tornar professora. Então o rapaz com quem ela planejava se casar rompeu o noivado e Barbara interrompeu os estudos para se recompor e se encontrar. "Todos os meus planos foram pelo ralo", relembra Barbara. "Eu me lembro de pensar: 'O que farei da minha vida?'"

Por sorte, um iniciante no ramo de restaurantes, Bobby Merritt, estava precisando de funcionários. Meses antes, quando trabalhava dirigindo um caminhão de entrega de pães, ele sofreu um grave acidente, que mudou sua vida para sempre. "Passei por vários hospitais durante alguns anos e fiquei com uma deficiência permanente", conta Bobby.

Enquanto se recuperava e pensava em como sustentar a mulher e os três filhos pequenos, ele se deparou com um anúncio no jornal local oferecendo uma oportunidade. Uma cadeia de restaurantes chamada Sonic estava procurando um sócio-gerente em Las Cruces, no Novo México. E foi assim que Bobby ingressou no ramo de restaurantes.

Barbara foi a primeira funcionária que Bobby contratou. Ele conhecia a mãe dela, que cuidava de uma pequena mercearia em uma base militar pela qual ele passava em sua rota como motorista de caminhão. O comportamento da mãe de Barbara e sua lealdade sempre o impressionaram. Como Bobby suspeitava, essa era uma característica de família. A atitude proativa de Barbara e seu entusiasmo rapidamente a ajudaram a entender as operações do restaurante.

Merritt comprou a parte de seus sócios e começou a expandir o negócio. Em dezembro, estava se preparando para inaugurar um novo restaurante *drive-through* e pediu a Barbara que o ajudasse a treinar os funcionários.

"Em pouco tempo eu estava fazendo o pedido de equipamentos e uniformes e tudo o que fosse necessário para que o restaurante ficasse pronto para a inauguração", conta Barbara.

Ela descobriu que era boa não só fazendo o *seu* trabalho, como também treinando os outros.

"Barbara era cheia de energia", relembra Bobby. "Ela sempre queria fazer suas tarefas cada vez melhor."

Com senso de integridade e uma sólida ética de trabalho, Barbara cuidava da empresa como se fosse a dona. Sua paixão e sua noção de responsabilidade fizeram dela uma funcionária de destaque, e Bobby continuou a aumentar suas responsabilidades.

Ainda assim ela não tinha um cargo. E por 15 ou 20 anos ela não teve um cargo, até que um dia...

"A Sonic Corporation havia crescido tanto que precisava de um organograma", conta ela, rindo. "Bobby apareceu no meu escritório e me perguntou se eu gostaria de ser a presidente da empresa. Eu disse que iria pensar no assunto. Nunca dei uma resposta, mas na reunião geral ele anunciou a todos que eu havia concordado em ser a presidente!"

Barbara Stammer ajudou Bobby a construir a maior franquia de restaurantes Sonic dos Estados Unidos, com 5.500 funcionários, mais de 130 estabelecimentos, um faturamento de 160 milhões de dólares e alguns dos maiores índices de desempenho do setor. E Barbara não precisou de um cargo importante para fazer isso (embora ela tenha conseguido um depois de algum tempo).

Ser um líder

Os líderes de verdade melhoram as coisas não apenas para si mesmos, mas também para os outros, ainda que sua contribuição não resulte em recompensas financeiras ou reconhecimento público. Poucos líderes alcançam a fama e a excelência, e são estes que aparecem nos livros de História. Mas a maioria das pessoas que eu considero líderes são como Barbara Stammer. Elas não têm um cargo de chefia, mas alcançam a excelência trabalhando em silêncio e ajudando o próximo.

Líderes aumentam o retorno sobre investimento (RSI)

Influir na qualidade do dia – esta é a maior das artes.
– HENRY DAVID THOREAU

RSI

Há alguns anos, a corretora de seguros cujos serviços usei por muito tempo cometeu uma falha grave comigo. Foi algo sério o bastante para que eu fosse reclamar com um dos donos da empresa. Para minha surpresa, ele demonstrou completo descaso com a situação. Ofendido, falei que ia procurar outra corretora.

Mas ficou só na ameaça. O que me manteve foi o que eu chamo de "fator de transtorno". Eu tinha várias apólices de seguro em vigor dessa corretora. Transferir as apólices me causaria tantos transtornos que não ia valer a pena. Decidi que, quando chegasse a hora de renovar as apólices, eu cairia fora.

Quis o destino que alguma coisa acontecesse a um dos meus carros. Para que pudesse requerer o seguro, precisei ligar para a corretora.

O representante do atendimento ao cliente que sempre cuidou

da minha conta havia deixado a empresa, e a mulher que atendeu meu telefonema se chamava Theresa.

Fui educado porém direto ao conversar com ela.

– Imagino que possa ver pela minha ficha que minha relação com a sua empresa não tem sido nada boa. Se não fosse pelo transtorno de trocar apólices ainda em vigor, eu teria procurado outra corretora e jamais faria negócio com vocês novamente. Não é nada pessoal. Esta é a primeira vez que nós dois conversamos. Mas você precisa saber o que aconteceu antes.

Theresa ouviu atentamente e me surpreendeu com sua resposta.

– Sr. Sanborn, eu não sei de tudo o que aconteceu com o senhor – disse ela. – Mas entendo que esteja chateado por causa do modo como o tratamos no passado. Não tenho controle sobre o que já aconteceu, mas lhe asseguro que, se o senhor continuar a fazer negócio conosco, irei tratar pessoalmente do seu interesse e me certificarei de que nada parecido ocorra novamente.

Isso foi há muitos anos. Minhas apólices precisaram ser renovadas, mas eu nunca mudei de corretora, graças à liderança pessoal demonstrada por Theresa.

Com seu jeito direto e atencioso, ela aumentou o que eu chamo de RSI. Não, não o retorno sobre o investimento da própria empresa (embora ela tivesse feito isso também). Estou me referindo a Relacionamentos, Soluções e Incrementos.

A liderança está intimamente ligada ao serviço prestado. Com freqüência conto histórias de pessoas que se comportam como líderes ao prestar um serviço extraordinário. Atender ao cliente significa fazer o que for preciso para ajudá-lo. Quando você age como líder, extrapola os limites de suas obrigações.

Quando lideramos, tudo o que fazemos está direcionado para a criação de algum tipo de resultado positivo, que pode ser melhorar a renda, as relações pessoais, a vida espiritual, a saúde ou a carreira.

A bebida de 1.500 dólares

Eu estava morrendo de fome. Havia jejuado para um exame médico pela manhã bem cedo. Além de estar faminto, eu estava desesperado pela minha dose matinal de cafeína. Felizmente, havia uma Starbucks logo na esquina do hospital e comprei um cappuccino para viagem.

Perto dali, havia uma delicatéssen badalada. Eu sabia, por experiência própria, que a comida era boa. Por isso, estacionei e entrei com meu copo de cappuccino recém-comprado.

– Mesa para um, para o café da manhã – disse eu à garçonete.

Ao ver meu copo da Starbucks, ela respondeu rispidamente:

– Não permitimos que o cliente entre com comida ou bebida de outro lugar. O senhor vai ter que jogar isso no lixo ou deixá-lo no balcão.

Eu não estava a fim de me livrar do meu cappuccino, por isso decidi levar minha bebida e meu dinheiro para outro lugar.

A reação da funcionária ao me ver com uma bebida que não havia sido comprada lá soou como uma reprimenda pessoal. Eu podia entender que o comerciante quisesse vender seu próprio café, mas já havia comprado o meu em outro lugar. Naquele momento, queria muito gastar 10 dólares em um café da manhã, mas o estabelecimento, ao exigir que eu jogasse fora meu cappuccino da Starbucks, acabou ficando sem nada – e perdeu um cliente para sempre.

Irritado pelo modo como havia sido tratado, liguei para o meu irmão Shawn, que é um bem-sucedido dono de restaurante. Depois de explicar a situação, pedi a opinião dele. Ele vislumbrou uma solução simples:

"Ela deveria ter dito: 'Não permitimos comida ou bebida de outro lugar, por isso, assim que o senhor estiver acomodado, vou colocar sua bebida em uma de nossas canecas.' Assim, não haveria nenhum copo com a marca do concorrente sobre a mesa, você continuaria bebendo o seu cappuccino e eles teriam recebido o dinheiro que você gastaria com o café da manhã."

Por que a garçonete não pensou nisso? Porque ela estava cumprindo cegamente as diretrizes da empresa, sem levar em conta o efeito que elas teriam sobre os clientes. Ao optar por não liderar nem interferir de forma positiva naquela situação, para que os dois lados ficassem satisfeitos, ela causou um efeito negativo e perdeu um cliente. Esse tipo de situação se repete todos os dias nos negócios e na vida.

É o caso da mulher que se recusa a fazer compras em uma loja de departamentos porque foi ignorada ou mal atendida; da mãe exausta que decide não dedicar mais seu tempo ao grupo de escoteiros local porque sempre pedem a ela que faça coisas no último minuto, sem tempo para se preparar. Em todos os casos, alguém abdicou da liderança.

Uma frase simples pode ter custado à delicatéssen 1.500 dólares por ano – o custo total do meu café da manhã, três vezes por semana, durante um ano. Esse valor teria sido um ótimo retorno sobre investimento.

Líderes de verdade procuram novas maneiras de liderar

Há anos um hotel cinco estrelas tentava identificar os hóspedes que já haviam ficado no hotel antes que eles se apresentassem à recepção. Bastaria, é claro, o recepcionista consultar o computador para saber se um hóspede já havia estado lá, mas haveria um modo de os funcionários reconhecerem um hóspede antes mesmo que ele se dirigisse ao balcão?

Um porteiro fez uma ótima sugestão. Ao cumprimentar cada um dos hóspedes que chegasse, ele diria: "Bem-vindo ao hotel. O senhor já se hospedou conosco?"

Em caso afirmativo, o porteiro, ao entregar o hóspede para o mensageiro, puxaria a orelha esquerda. Esse puxão indicaria um hóspede que estava retornando ao hotel e que poderia, então, ser tratado como tal pelos funcionários antes mesmo de se registrar.

Eis aqui mais um exemplo de alguém que age como líder por iniciativa própria. Um amigo meu estava hospedado no hotel Omni de San Diego quando descobriu que não tinha nenhuma barbatana para o colarinho de suas camisas. Prestes a participar de uma reunião importante, ele estava sem tempo para comprar esse item comum mas nem sempre fácil de ser encontrado.

Ele contou seu problema a um funcionário do hotel que, depois de lhe dar várias alternativas, pensou na solução perfeita. Já que os cartões de plástico usados como chave para os quartos eram aproximadamente da mesma espessura que uma barbatana, o criativo funcionário cortou um desses cartões e criou uma barbatana sob medida para o hóspede.

Meu amigo, obviamente, ficou maravilhado – tanto pela solução do problema quanto pela criatividade desse líder sem cargo de chefia. O pequeno gesto fez uma enorme diferença na vida dele.

Pequenos gestos e grandes resultados

Você sabia que a pessoa que teve a idéia de colocar alguém para cumprimentar os clientes assim que chegam à loja (algo que se tornou uma marca registrada dos supermercados da rede Wal-Mart) não era um gerente? Era um operador de caixa – um líder sem um cargo executivo.

Conheça aqui mais um exemplo de como uma pequena melhoria pode fazer uma enorme diferença. No fim da década de 1980, em Portland, no Oregon, Jay Sorensen pediu café em um *drive-through*. Embora estivesse envolvido em um guardanapo, o copo estava tão quente que Sorensen não conseguiu segurá-lo e o derramou no colo. No começo da década de 1990, quando a mania pelos cafés da Starbucks estava começando, Sorensen observou sem parar o modo como os consumidores seguravam cuidadosamente seus copos, mesmo quando se usavam "copos duplos", pois as bebidas eram quentes demais. É uma situação que muitos de nós já vivemos, uma fonte de irritação que toleramos, mas jamais pensamos em resolver. Usando materiais caseiros, Jay inventou um protetor de papelão para solucionar o problema. O protetor ficou conhecido como Java Jacket e a empresa que Jay fundou para confeccioná-lo vende hoje quase 700 milhões de unidades por ano. Novamente, algo simples que gerou resultados grandiosos.

Outro exemplo de líder que foi além da sua função é o gerente de loja da Starbucks que inventou o Frappuccino. Quando o CEO Howard Schultz descobriu que estavam testando a bebida e a experimentou, ele não gostou. Entretanto, muitas outras pessoas gostaram. Então o gerente pesquisou e aperfeiçoou a bebida, e a incluiu no cardápio em 1995. Em três anos, o Frappuccino gerou um faturamento de 100 milhões de dólares para a empresa. Esse é o poder da liderança que independe do cargo. Não era responsabilidade do gerente criar novas bebidas, mas ele fez isso assim mesmo, só porque lhe pareceu uma boa idéia.

Assumindo a liderança

Nos primeiros anos dos Estados Unidos como uma nação, um pastor chamado Russell Conwell percebeu, durante um culto noturno, que Charles Davies, um jovem membro de sua congregação, parecia atormentado. Por ser uma pessoa sensível e intuitiva, Conwell perguntou-lhe o que havia de errado. Charlie explicou que seu salário era baixo e que suas chances de ganhar mais eram remotas. Além disso, ele tinha que cuidar de sua mãe. Charles almejava se tornar pastor, mas tinha poucas esperanças de conseguir a educação de que precisava para isso.

– O que vou fazer?

O pastor Conwell respondeu imediatamente:

– Vamos nos reunir uma noite por semana e eu começarei a lhe ensinar.

Davies perguntou se poderia levar um amigo, e Conwell lhe disse para levar quantos amigos quisesse.

Naquela primeira noite, Conwell ensinou seis jovens. Na terceira sessão, 40 pessoas assistiram à aula. Em pouco tempo, outros professores se ofereceram para ajudar. Eles alugaram uma sala e depois compraram alguns edifícios. Foi assim que, como Gregory

Dixon conta na biografia de Russell Conwell, a Temple University foi fundada na Filadélfia.

Mas Russel Conwell tinha um cargo, não tinha? Sim, ele era pastor, advogado e empreendedor. Também escreveu um best-seller chamado *Acres of Diamond* (Campos de diamante) e era considerado o maior palestrante motivacional do seu tempo.

Mas ele não era um acadêmico. Não tinha diploma de professor nem experiência como administrador de uma instituição educacional. Mesmo assim, Conwell fundou uma universidade. E por que ele fez isso? Porque estava respondendo a uma necessidade.

Conwell explica melhor com suas próprias palavras:

"Excelência significa alcançar grandes feitos com poucos meios e buscar pessoalmente a realização de objetivos que beneficiem o maior número de pessoas."

Você é capaz de pensar num relacionamento que precise ser reforçado ou melhorado? Consegue se lembrar de um caso que poderia ter sido resolvido de outro modo se você tivesse assumido a liderança? E quanto à idéia que você tem em mente e que pode melhorar seu produto ou serviço? Relacionamentos, Soluções e Incrementos – essas são as oportunidades para você aumentar o retorno sobre o seu investimento.

PARTE 2

Os seis princípios da liderança

PRINCÍPIO NÚMERO 1

O poder do autocontrole

A vitória mais árdua é aquela sobre si mesmo.
– ARISTÓTELES

Liderança de dentro para fora

Matthew Joseph Thaddeus Stepanek, ou simplesmente Mattie, nasceu em Washington, D.C., em 17 de julho de 1990. Ele tinha uma deficiência grave, uma miopatia mitocondrial. Essa deficiência alterava funções automáticas como a respiração, os batimentos cardíacos, a pressão arterial e a temperatura corporal. Por causa desses problemas, ele respirava com a ajuda de aparelhos, e um tubo colocado no coração o provia de remédios e soro. Mattie estava confinado a uma cadeira de rodas.

Mas nada disso o impediu de se tornar um bem-sucedido escritor e poeta, um palestrante premiado e um reconhecido defensor dos direitos dos deficientes e da paz. Todos os cinco volumes de seus livros de poesia da série *Heartsongs* (Canções do coração) entraram para a lista dos livros mais vendidos do *New York Times*. Antes de estar preso à cadeira de rodas, ele conquistara a faixa preta na arte marcial do hapkidô.

Apesar das dificuldades impostas por sua condição, ele era um piadista que vivia pela filosofia do "lembre-se de brincar após cada tempestade". O entusiasmo de Mattie pela vida era contagiante, e pessoas do mundo todo foram tocadas não só pela poesia que ele escreveu e pelas palavras que proferiu, mas também por seu exemplo de vida.

Mattie morreu semanas antes de completar 14 anos.

Durante sua curta existência, ele se recusou a permitir que as circunstâncias controlassem seu destino. Ao contrário, ele dominou essas circunstâncias.

Esse caso serve para ilustrar que toda liderança começa pelo autocontrole. Você só poderá liderar os outros quando for capaz de liderar a si mesmo.

Como dizia Mahatma Gandhi, "Você deve ser a própria mudança que deseja ver no mundo". Para liderar verdadeiramente e fazer a diferença, é preciso sempre começar por si mesmo.

São pouquíssimas as pessoas que não querem ganhar mais dinheiro, ser um companheiro ou um pai mais atencioso, tornar-se um empregado melhor, ter um papel mais ativo na comunidade ou em um grupo. Mas também são raras aquelas – e me incluo nesse grupo – que realizaram tais coisas com o máximo de sua capacidade.

Poucos de nós vivemos todo o nosso potencial.

Uma obrigação ou uma oportunidade

No início da minha carreira, quando eu estava montando a minha empresa, comecei a me envolver mais e mais com a administração do negócio. Cheguei a um ponto em que me sentia tão sobrecarregado com as obrigações vinculadas a esse trabalho que, quando o telefone tocava, não queria atender. Eu sabia que precisava mudar.

Por isso, guiado pelo exemplo dos maiores líderes do mundo, repensei o modo como via minha vida e meu trabalho. Comecei a perceber o que estava acontecendo comigo como uma *oportunidade*, e não uma *obrigação*. E isso fez toda a diferença. Agora, quando o telefone toca, atendo todas as chamadas pensando nelas como uma oportunidade para servir, ganhar, aprender, influenciar, fazer contato, encorajar ou ensinar. A diferença não está na pessoa que me liga ou no propósito da ligação, mas na minha reação.

Agora mantenho uma placa sobre a minha mesa, na qual se lê: "Obrigação ou Oportunidade."

Como você vive a sua vida? Como uma obrigação ou uma oportunidade? Aqueles que encaram a vida como uma obrigação querem que as tarefas em suas mãos sejam feitas o mais rápido possível, sem preocupação com os resultados.

As pessoas que transformam o mundo à sua volta – por elas mesmas, sua empresa, comunidade ou família – raramente o fazem por se sentirem obrigadas. Na verdade, aquelas que trabalham como líderes quase sempre agem com base em um incrível senso de oportunidade. Elas não interagem com o mundo porque são *obrigadas*. Elas fazem isso porque *querem*.

Duvido que a madre Teresa de Calcutá tenha se levantado ao menos uma vez pela manhã reclamando: "Oh, Deus, chega de leprosos!"

Ela exercia um dos trabalhos mais difíceis do planeta e ainda assim parecia sentir mais prazer fazendo suas tarefas do que aqueles que se sentam em um suntuoso e refrigerado escritório todos os dias.

Quando nos sentimos atormentados e pressionados, tendemos a ver os problemas como obrigações. E obrigações, por natureza, são opressivas. São tarefas que nós temos que fazer, queiramos ou não. Essa percepção de obrigação dificilmente é uma força motivadora. Por outro lado, aqueles que lideram de forma efetiva enxergam tais problemas como oportunidades. Costumam ser mais felizes porque percebem que podem fazer algo de bom a partir de uma situação ou circunstância diante da qual outras pessoas se lamentariam. Em resumo, os líderes acreditam que o modo como levamos nossa vida é uma questão de escolha.

Dinheiro X sentido para a vida

Recentemente, o *Wall Street Journal* divulgou uma pesquisa mostrando que 80% dos operários e 50% dos executivos estão insatisfeitos com sua vida profissional. Muita gente sente que há um descompasso entre o sentido e o propósito de suas vidas. De acordo com a Barna Research, uma empresa de pesquisa de Indianápolis que se especializou em temas relacionados à fé, quase uma em cada duas pessoas está tentando encontrar um propósito para sua vida.

Por que vamos para o trabalho todas as manhãs? É para ganhar dinheiro, pagar o financiamento da casa, colocar as crianças na escola e pagar a prestação do carro? A maioria das pessoas, quando confrontada com essa questão, diria que vai para o trabalho para ganhar a vida.

Não há nada de intrinsecamente errado nessa resposta. Mas ela não é nem de longe a única razão por que trabalhamos. É claro que todos precisam de dinheiro para sobreviver. O problema começa quando há uma separação entre ganhar dinheiro e ter um sentido e um propósito para nossa vida.

O desafio é *ter uma vida* ao mesmo tempo que se *ganha a vida.* Isso significa ganhar dinheiro e ter um propósito durante o expediente. Assim, o que você faz nos fins de semana ou à noite se torna a cereja do bolo.

Criar uma conexão com algo além de si mesmo e ajudar os outros a alcançar a satisfação plena e realizar seu potencial é chamado pelos psicólogos de autotranscendência. Abraham Maslow, um dos pioneiros da psicologia humanista, colocou a transcendência no ponto mais alto da sua "hierarquia das necessidades". Os líderes de fato transcendem constantemente seus interesses e necessidades pessoais em seu empenho para ajudar os outros.

A verdadeira e autêntica liderança dá sentido à sua vida, pois você sabe que os seus esforços têm importância e que está atendendo tanto as necessidades dos outros quanto as suas.

O caminho menos percorrido

Em seu poema clássico, "The Road Not Taken", o americano Robert Frost fala sobre uma estrada com uma bifurcação, no meio de uma floresta. Ao optar pelo caminho menos percorrido, a vida dele começou a mudar. Frost queria dizer que, ao seguir o mesmo caminho que os outros, tudo o que você vai conseguir são resultados medíocres ou medianos. Para ser único, para contribuir com algo novo, o ser humano precisa pegar um caminho diferente – o seu próprio caminho.

As pessoas que lideram trabalham duro para descobrir quais são seus talentos individuais e como podem contribuir para o mundo. Depois, elas trabalham ainda mais planejando a vida em torno de seus talentos. Sem dúvida, é muito mais fácil pegar o caminho trilhado por todos e aproveitar a segurança do conformismo. Muitos desistem de agir como líderes porque não querem ser o prego que sobressai e é martelado sem parar. Acabam se tornando apenas mais um na multidão.

Ao agir como um líder, você exercita o controle sobre a própria vida e ajuda a influenciar e a inspirar as pessoas ao seu redor. Não se pode deixar que situações externas, problemas e aspectos culturais controlem seu destino. Para agir como um líder, você precisa se perguntar constantemente: "Quem manda na minha vida? Quem manda em *mim*?"

Pense como um líder

O guru da administração Tom Peters diz que a pior coisa que pode acontecer a um líder é lhe faltar capital intelectual. Devemos nos manter sempre atualizados, absorvendo novas informações e analisando criticamente os dados que obtemos.

Parafraseando o filósofo Jim Rohn, pensar sobre as questões da vida é essencial para quem quer ser um líder, pois isso nos ensina a nos comportar de novas maneiras.

Aqueles que exercem um papel de liderança ativa tendem a ser bons pensadores; grandes líderes tendem a ser ótimos pensadores.

Reserve um tempo para pensar

É comum as pessoas confundirem atividade com realização. Como sabemos, é fácil estar inacreditavelmente ocupado e ainda assim fazer muito pouco. O escritor Amy Salzman observou que a maioria das pessoas não está ocupada demais para pensar em ir além – elas apenas têm medo do que podem encontrar se começarem a procurar.

Mas reservar um tempo para pensar e refletir é uma coisa boa. Pensar nos ajuda a separar o que é realmente importante na nossa vida do que é apenas mundano. E contribui para determinarmos nosso caminho e nossos propósitos.

Quando estou em casa, em Denver, costumo dedicar de 15 a 30 minutos ininterruptos todas as tardes à reflexão. Pego o carro e dirijo até a Starbucks mais próxima. Não levo comigo o celular, apenas um bloco de papel e um lápis. Penso nos meus negócios, na próxima palestra que vou dar, nos argumentos que pretendo apresentar. Às vezes penso no que posso fazer para agir melhor como pai, marido e amigo.

Assuma o controle da sua vida

Muitas pessoas se sentem paralisadas pela falta de controle sobre a própria vida.

O que se pode fazer a respeito? Primeiramente, preste atenção às coisas que realmente *controla*. Ao fazer isso, você assume o controle da sua vida e começa a guiá-la, em vez de deixar a vida guiar você.

Por exemplo, você não pode controlar sua aparência física – ela é, na maior parte, determinada geneticamente. Mas pode controlar sua imagem e a maneira como você se apresenta.

Você não pode ter controle sobre o seu talento em determinada área. Mas pode controlar o quanto se esforça para desenvolver os talentos com os quais nasceu.

Você não tem controle sobre o seu QI. Mas pode controlar a intensidade e a qualidade do seu pensamento.

James, por exemplo, mal conseguiu ser aceito pela universidade na qual se inscreveu. Como estudante do ensino médio, ele não havia levado a sério seus estudos ou seu futuro. De acordo com um teste de QI realizado na infância, James tinha uma inteligência apenas mediana.

Na faculdade, porém, James foi inspirado por um professor. Ele percebeu que, apesar de não poder mudar a predisposição genética do seu QI, podia controlar o tempo e a seriedade que dedicava aos estudos. Cursou uma matéria optativa sobre técnicas de estudo e começou a se disciplinar, mergulhando nos livros enquanto seus amigos iam para as festas.

Ele se formou com uma pontuação tão acima da média que superou até suas próprias expectativas. Então um caçador de talentos tomou conhecimento da razão para o sucesso acadêmico de James e percebeu que a mesma responsabilidade e comprometimento seriam muito bem aproveitados em sua empresa. Hoje James caminha a passos largos rumo a uma alta posição de liderança.

Motivação

A idéia de motivação está ligada à razão de fazermos o que fazemos.

Todos deveriam se perguntar o seguinte: como me manter motivado para agir como líder na vida? Outro modo de fazer essa pergunta é: *o que dá sentido à minha vida?*

Em minhas conversas ao longo dos anos com líderes empresariais e comunitários, falamos freqüentemente a respeito da importância de motivar os outros, de manter aceso o fogo da paixão e do comprometimento de suas equipes e colegas.

Um dos modos mais rápidos de acabar com o estímulo é parar de fazer o que gostamos. Quanto mais bem-sucedido você for, maior será o risco de assumir uma posição que poderá afastá-lo das tarefas que lhe dão prazer e nas quais é realmente talentoso. É possível que tenha que arcar com responsabilidades maiores e, como conseqüência, reste menos tempo para fazer aquilo que dá sentido à sua vida.

Como nos mantermos motivados? Aqui estão algumas técnicas usadas por líderes.

1. RESERVE UM TEMPO PARA REFLETIR

Deixamos passar muitas oportunidades, na vida e nos negócios, porque não reservamos um tempo para refletir sobre o que está acontecendo e sobre o que poderíamos aprender com essas oportunidades.

2. LEMBRE-SE DE SONHAR

Algumas pessoas ficam tão absorvidas pelas tarefas do dia-a-dia que se esquecem de sonhar com o futuro. Por causa disso, não ambicionam alto o suficiente nem longe o bastante para si e para a empresa em que trabalham. Pergunte a si mesmo: o que sonho para minha vida? E para minha carreira?

3. ESPELHE-SE NAS PESSOAS BEM-SUCEDIDAS AO SEU REDOR

Encontre modelos de conduta merecedores de sua atenção, aqueles que lideram a própria vida e a empresa em que trabalham do modo que você sonha liderar, que fizeram a diferença para outras pessoas como você gostaria de fazer.

4. RECOLHA-SE PARA PROGREDIR

Pelo menos uma vez por ano (se não com mais freqüência), tire um dia de folga para rever sua vida e seus objetivos. Talvez seja proveitoso se isolar das distrações de um dia comum refugiando-se em um lugar onde consiga ficar inacessível por telefone ou e-mail.

5. ORIENTE OUTRA PESSOA

Uma das melhores maneiras de refinar nossos conhecimentos é compartilhá-los com os outros. Além do mais, ajudar outra pessoa a crescer pode ser um jeito recompensador de se manter motivado.

6. APRECIE A JORNADA

Seria ridículo dizer a si mesmo: "Vou tirar férias, mas não tenho nenhuma intenção de me divertir." E é exatamente isso o que acontece conosco quando nos tornamos ocupados demais para apreciarmos nossa jornada pela vida. Reserve um momento para agradecer pelo que você tem. Sentir-se grato é um antídoto poderoso contra o pessimismo.

7. VIVA COMO UM *VITORIOSO*, NÃO COMO UMA *VÍTIMA*

Quando coisas ruins acontecem a pessoas boas, dizemos que elas são "vítimas das circunstâncias". No entanto, é muito fácil passar o tempo se sentindo como uma vítima, em vez de se perguntar: o que estou fazendo para melhorar?

A verdade é que podemos aprender com as situações difíceis ou sucumbir a elas. A decisão está em nossas mãos.

8. PROCURE PELO PÔNEI

Uma de minhas histórias preferidas ilustra bem a atitude positiva da pessoa que, como líder, assume a responsabilidade pela própria vida, mesmo nas circunstâncias sobre as quais não tem nenhum controle.

Um casal muito feliz teve dois filhos gêmeos. À medida que as crianças cresciam, os pais foram percebendo uma diferença drástica no modo como cada uma delas encarava a vida.

Um dos meninos era completamente pessimista. A visão que ele tinha da vida era de degradação e tristeza. Não importava o que acontecesse, estava sempre deprimido. Ele era capaz de encontrar uma nuvem carregada no mais ensolarado dos céus.

O outro menino era alegre e olhava para tudo com otimismo. Independentemente das circunstâncias, ele poderia encontrar um raio de esperança na mais escura das nuvens.

Os pais começaram a achar que seus filhos tinham um problema. Por isso, no Natal, eles tentaram uma audaciosa experiência a fim de mudar o comportamento dos meninos.

Para o menino pessimista, compraram os melhores presentes: uma bicicleta, um carrinho de controle remoto e outros brinquedos. Para o otimista, eles deram um monte de esterco de cavalo.

Na manhã de Natal, o menino pessimista foi levado até o quarto onde estavam todos os maravilhosos presentes. Mas, em vez de se entusiasmar, ele reclamou:

– A bicicleta vai ficar suja e arranhada na primeira vez que eu andar nela. E os outros brinquedos vão se quebrar ou desgastar.

O outro filho, ao ver o monte de esterco, surpreendeu os pais ao começar a gritar em êxtase.

– Por que você está tão entusiasmado? – perguntaram eles.

O menino otimista respondeu:

– Com todo este esterco aqui, com certeza deve haver um pônei por perto!

Moral da história: quando algo de ruim acontece, o desafio é procurar pelo pônei, não com o entusiasmo ingênuo do menino da história, mas com o otimismo esclarecido de um líder.

Lembre-se do índice do autocontrole

O "índice do autocontrole" seria a razão entre as promessas que você faz e as promessas que cumpre – tanto para si mesmo quanto para os outros. Se estiver fazendo promessas que não pode cumprir, eis uma grande oportunidade para melhorar. A integridade, afinal, é medida pela distância entre a sua boca e a realidade. Se quiser ser um líder em sua própria vida e na vida dos outros, precisa tentar cumprir suas promessas.

LIDERANÇA EM AÇÃO

ESTIMULE SEU CÉREBRO

Ler um livro ou uma revista que não seja da sua área de atuação ou que esteja fora de sua zona de conforto pode estimular seu pensamento.

O gerente de uma loja de autopeças estava lendo a respeito de como a indústria hoteleira conquistava a fidelidade dos clientes. Foi quando ele tomou conhecimento da prática dos hotéis Doubletree de dar biscoitos de chocolate aos hóspedes assim que eles se registram. Então, o gerente resolveu tentar algo semelhante. Ao fazer a entrega das peças compradas na loja, distribuía bebidas geladas para os mecânicos. A idéia foi um sucesso.

Busque maneiras de entrar em contato com novos conceitos e idéias. Seguir apenas pelo mesmo e conhecido terreno vai levá-lo aos mesmos e conhecidos lugares e conduzi-lo às mesmas e conhecidas conclusões. Para chegar a um destino novo e exótico é preciso pegar uma estrada desconhecida. Saia da sua zona de conforto. De vez em quando, leia publicações diferentes ou faça uma "pesquisa de campo" e visite empresas nas quais você nunca esteve antes.

Agende um horário regular para refletir. Escolha um lugar que conduza ao pensamento, onde você não se distrairá nem será interrompido. Reserve de 15 a 30 minutos para pensar (é mais difícil do que parece).

REGISTRE SUAS IDÉIAS

Todo mundo tem boas idéias. Nosso problema não é a falta de idéias, mas a falta de registro. Idéias são escorregadias; elas precisam ser capturadas. Acho que algumas das maiores recompensas da reflexão ocorrem quando registro meus pensamentos e revejo minhas anotações mais tarde e acrescento algo a elas ou as modifico. (O esboço deste capítulo foi inicialmente escrito em um pedaço de papel num restaurante em Nova York.)

ESCOLHA UM PROBLEMA

Existe algum problema que o aborrece? Há preocupações em seu trabalho ou na vida pessoal que você sente que deveriam ser resolvidas?

Ao identificar um problema que mereça sua atenção, pergunte-se: como posso fazer a diferença?

Acredite que pode fazer uma diferença, mesmo que pequena.

Quando se trata de resolver problemas no mundo complexo de hoje, soluções completas são raras. Geralmente não há uma única grande resposta, e sim muitas respostas que demandam a contribuição de diferentes pessoas ou grupos.

Lembre-se: apontar um problema é fácil. Qualquer um pode fazer isso. Na verdade, apenas chamar a atenção para um problema é o mesmo que reclamar. *Resolver* é mais difícil – requer um ato de liderança. Quase todo mundo prefere reclamar a contribuir para uma solução. Lembre-se: as pessoas se arrependem mais das coisas que desejavam *ter feito* do que daquelas que desejavam não ter feito. A longo prazo, paga-se um preço alto por não seguir o que o coração manda.

PRINCÍPIO NÚMERO 2

O poder do foco

Com energia e persistência conquistamos todas as coisas.
– BENJAMIN FRANKLIN

A importância de ter um foco

Bill, um amigo meu, mora nas imediações de Kalamazzo, no estado de Michigan. Há muitos anos, ele comprou uma casa perto de uma área de mata fechada. Bill gosta de alimentar pássaros, por isso, assim que se mudou, instalou um comedouro no quintal. Mas, naquela tarde, antes mesmo de o sol se pôr, havia esquilos se pendurando no comedouro e espantando os pássaros. Bill percebeu que precisava fazer alguma coisa ou os pássaros logo ficariam com medo de se aproximar. Nas duas semanas seguintes, ele declarou guerra aos esquilos. Bill não é uma má pessoa e não faria nada que machucasse aqueles animais, mas estava determinado a usar de todos os meios possíveis para manter os roedores a distância.

Ele passou graxa no suporte do comedouro, mas isso não funcionou. Sentindo-se desafiado, Bill foi ao armazém e comprou um "comedouro de pássaros à prova de esquilos", um objeto de aparência estranha, envolto em arame, cujo rótulo dizia que a eficácia era garantida. Bill o levou para casa e o instalou no quintal.

No fim do dia, porém, os esquilos mais uma vez se penduraram no comedouro. Bill estava agora verdadeiramente irritado e no dia seguinte levou o produto de volta ao armazém. Ele pediu para falar com o gerente, exigindo a devolução integral do dinheiro.

– Fique calmo – disse o gerente. – Eu poderia ter dito a você, na hora da compra, que não existe essa coisa de comedouro de pássaros à prova de esquilos.

Bill o encarou incrédulo.

– Quer dizer que podemos mandar um homem à Lua e enviar mensagens instantâneas via satélite para qualquer lugar do mundo, mas nossos melhores e mais inteligentes cientistas e engenheiros são incapazes de inventar um comedouro de pássaros que supere um animal cujo cérebro é do tamanho de uma ervilha?

– Sim – disse o vendedor.

– Por quê? – insistiu Bill.

– Deixe-me perguntar uma coisa, senhor – respondeu o homem. – Nas duas últimas semanas, quanto tempo em média o senhor passou tentando manter os esquilos longe do comedouro?

Bill pensou por um momento e respondeu:

– Talvez 10 ou 15 minutos por dia.

– E quanto tempo o senhor acha que os esquilos gastam por dia tentando entrar no seu comedouro?

Bill aprendeu que a resposta para essa pergunta é: quase o tempo todo que um esquilo passa acordado. Esquilos passam 98% de suas vidas procurando comida. Na verdade, são os únicos seres do reino animal que preferem comer a procriar. Eles preferem acumular comida a se divertir. Isso serve apenas para mostrar como esses bichos são focados em sua missão.

Moral da história: foco e determinação vencem cérebros e intelectos o tempo todo. Você não precisa ser o mais inteligente ou ter mais diplomas que os outros para ser bem-sucedido. Seu poder está na sua capacidade de se concentrar no mais importante a ser feito. Se você se concentrar nas coisas certas e trabalhar nelas com afinco, alcançará resultados excepcionais.

O perigo de estar à deriva

Um dos atributos mais importantes da liderança efetiva é saber focar. Sem um foco, é impossível caminhar em direção à realização de suas metas. Os verdadeiros líderes, em qualquer cargo, são capazes de manter a si mesmos e os demais concentrados em determinada tarefa. Os que não têm um foco em sua vida pessoal nem em sua carreira tendem a ficar à deriva.

Há alguns anos, num dos primeiros cruzeiros que fiz com a minha mulher, visitei a cabine de comando do monstruoso navio transatlântico no qual navegávamos e fui falar com o capitão. Perguntei a ele sobre os mais turbulentos mares que havia enfrentado com aquela embarcação. Ele me contou que já se deparara com ondas de quase 30 metros.

Impressionado, quis saber como ele conseguia manter o navio intacto em uma situação como essa. Ele me disse que, apesar de ondas de 30 metros serem assustadoras, o navio era capaz de suportá-las com certa facilidade, contanto que não perdesse a força.

– Se você ficar sem motor em mares agitados, com qualquer tipo de embarcação, estará em grandes apuros. Com a força do motor, o barco é capaz de se posicionar perpendicularmente às ondas – explicou. – Sem essa força, o barco poderia ficar à deriva, em uma posição paralela às ondas, e, assim, adernar ou afundar.

Eis o perigo de se ficar à deriva.

Ficar à deriva X esperar

Quando você age como líder, pode enfrentar praticamente tudo o que surgir em seu caminho, desde que não perca a força e fique à deriva. Força, nesse sentido, é a capacidade de permanecer engajado no que estiver acontecendo. Isso não significa que você terá controle sobre toda e qualquer situação, não mais do que o controle que um barco pode ter sobre as ondas. Refiro-me à capacidade de se engajar em determinada situação com um propósito, com um *foco*.

Ficar à deriva e esperar são coisas diferentes.

Esperar é uma escolha intencional, que requer paciência e um tempo para reflexão.

Ficar à deriva é abrir mão do seu poder de escolha.

Se você optou por esperar, acredita que algo acontecerá, embora não possa prever quando. Em vez de agir precipitada ou impetuosamente, você pára e reúne informações em busca de uma solução.

Estar à deriva é produto da falta de atenção e da ausência de uma direção clara. Quando você fica à deriva, não é preciso nem mesmo que as ondas sejam muito grandes para que o barco afunde.

É muito fácil ficar alheio ou anestesiado pelo comodismo. Antes que perceba, estará à deriva. Uma simples falta de atenção pode fazê-lo perder a força do propósito e do engajamento. Em vez de tomar uma atitude, você fica paralisado. Em vez de agir, descobre que as coisas é que estão agindo sobre você.

Distrações são prejudiciais

De acordo com a Associação Nacional dos Consultores Profissionais dos Estados Unidos, sobre a mesa de um trabalhador americano típico estão, em média, 52 horas de trabalho incompleto.

Um estudo recente feito com profissionais do conhecimento descobriu que eles se deparam com uma distração a cada 11 minutos, em média; e, uma vez distraídos, são necessários 25 minutos para retomarem a tarefa que tinham em mãos.

De acordo com um estudo conduzido pela Universidade de Michigan em 2005, de 20% a 40% da produtividade de um trabalhador é consumida pelo "desvio de tarefas", ou seja, o tempo levado para se reengajar mentalmente quando você muda de uma atividade para outra.

Vivemos em um mundo de distrações infinitas. Fazer várias coisas ao mesmo tempo – algo que já foi considerado uma ferramenta produtiva – nos dá a sensação de produzir muito quando, na verdade, só diminui o rendimento.

As tarefas triviais e sem importância consomem um tempo que deveria ser gasto com assuntos relevantes, significativos. E isso só acontece porque nós nos recusamos a prestar atenção, a ter um foco.

Todos nós precisamos lidar com exigências que estão além do nosso controle. Clientes fazem pedidos, colegas pedem ajuda e chefes nos enchem de trabalho. Tudo isso explica por que é tão difícil se concentrar, mas não serve de desculpa para a ineficiência.

O objetivo de todos os que querem agir como líderes deve ser passar por cima das distrações infinitas que nos afligem e se voltar para o que realmente importa.

Eis um exemplo de como perder o foco que aconteceu comigo durante uma convenção, há não muito tempo, quando eu estava prestes a fazer uma apresentação para um grupo de executivos num hotel no norte de Denver. A caminho da sala de reuniões, notei que havia vários computadores no lobby à disposição dos hóspedes. Embora minha palestra estivesse agendada para dali a 15 minutos, não consegui resistir à oportunidade de verificar meus e-mails. A verdade é que não havia nada de urgente na minha caixa de entrada. Os poucos e-mails que despachei talvez tenham me dado a impressão de "estar produzindo", mas verificar meus e-mails me desviou do trabalho que eu estava ali para fazer. Em nosso mundo sempre conectado, é fácil se distrair ou até mesmo ficar viciado em telefones celulares, BlackBerry e coisas do tipo. Esse fato me lembrou do grau de dedicação com que temos que trabalhar para não perdermos o foco.

Estabeleça suas metas

Para se manter focado, é preciso estabelecer metas, que devem incluir tudo o que você pretende realizar tanto a curto quanto a longo prazo. Isso significa visualizar seu objetivo final de modo que cada item resolvido o aproxime dessa realização.

Geralmente reclamamos das coisas inesperadas do nosso dia, mas é preciso ter em mente que elas sempre podem se transformar em uma oportunidade incrível. Por exemplo, ao nos esforçarmos em aumentar o retorno sobre o investimento a partir dos relacionamentos, das soluções e dos incrementos, talvez sejamos capazes de perceber novas oportunidades: um cliente insatisfeito, um colega de trabalho desmotivado, uma idéia capaz de economizar tempo e dinheiro ou a melhoria de um produto.

Para liderar com eficiência, no entanto, não podemos esperar que acontecimentos aleatórios nos ajudem a alcançar nossos objetivos. Nosso desafio é planejar a realização de tarefas importantes e de real impacto, e então persegui-las valendo-se de uma estratégia.

Eu estava fazendo uma palestra em Pittsburgh quando um homem me abordou durante o *coffee break*. Um dos temas abordados havia sido a importância de se ter um plano de longo prazo por escrito.

– Você tem um plano de longo prazo por escrito? – perguntou ele.

– Sim, tenho – respondi.

– Posso ver? – pediu.

Ele queria ver se eu seguia meus próprios conselhos.

– Bem, eu o deixei em casa. Não o carrego comigo nas minhas viagens – expliquei.

– Pois deveria. Quer ver meus objetivos de longo prazo?

Fiquei com a impressão de que não tinha muita escolha. Ele abriu a carteira e tirou um cartão de fichário que havia sido cortado para se encaixar em um espaço menor. No cartão, havia três objetivos: "Primeiro objetivo: aposentar-me aos 65 anos, com independência financeira. Segundo objetivo: manter-me saudável tanto intelectual quanto fisicamente. Terceiro objetivo: viajar por todo o país e para o exterior." Três objetivos muitos simples em um cartão velho e esfarrapado que ele levava na carteira.

Ele então me perguntou:

– Quantos anos acha que eu tenho?

Confesso que não sou muito bom em estimar a idade das pessoas, mas ele parecia ter quase 50 anos ou um pouco mais do que isso. Para minha surpresa, estava a apenas dois anos da aposentadoria – tinha 63 anos. E só de olhar percebi que era um homem saudável física e intelectualmente.

Então ele continuou dizendo:

– Sabe, quando eu me aposentar, não serei escandalosamente rico, mas poupei dinheiro o bastante para não depender de ninguém. Se a Previdência Social entrar em colapso, ficarei bem. – Ele havia conquistado a independência financeira.

Em seguida, ele me contou que havia visitado a maioria dos 50 estados americanos e vários países estrangeiros. Depois de se aposentar, ele pretendia passar de três a seis meses por ano viajando pelo exterior. Obviamente ele trilhara um longo caminho para realizar aqueles três objetivos de vida escritos em um cartão de fichário.

– Sabe como consegui realizar tudo isso? – perguntou ele. – Você pode ouvir sobre determinada idéia em um seminário. Pode ler sobre isso em um livro. Mas, quando se depara com a idéia em ação, isso causa certo impacto em você. Todas as manhãs, assim que eu acordava, pegava este cartão e o colocava junto da minha lista de coisas a fazer. E me perguntava: "O que farei hoje vai me aproximar, no longo prazo, de um destes três objetivos?" Se a resposta fosse negativa, eu não priorizava aquela tarefa. E isso acontecia com muita freqüência.

Esse homem aprendeu que ter um foco claro em mente o ajudava a avaliar se o que estava fazendo diariamente contribuiria para o quadro que ele havia pintado para a sua vida, sua visão do futuro. Esse é o poder do foco.

David Campbell escreveu um livro muito inteligente chamado *If You Don't Know Where You're Going, You'll Probably End Up Somewhere Else* (Se você não sabe para onde está indo, provavelmente acabará em algum outro lugar). Ele tem razão. Seu plano precisa incluir objetivos importantes e o que você sonha para sua vida no futuro deve ser a prioridade máxima. O que nos impele ao nosso destino é ter um propósito e priorizar as atividades diárias em torno dele.

Muitas pessoas começam o dia de trabalho perguntando a si mesmas o que precisam fazer. Aquelas que agem como líderes perguntam algo ligeiramente diferente: quais são as coisas significativas que planejo realizar?

O que "precisa ser feito" são quase sempre nossas atividades cotidianas: retornar ligações, escrever relatórios, responder e-mails.

As atividades significativas são do tipo estabelecer objetivos de longo prazo e vencer etapas para realizá-los, melhorar as relações de trabalho, aumentar o faturamento, criar novos projetos.

Compare os dois tipos e reflita sobre a importância que tem cada atividade de um ponto de vista mais amplo.

Priorize

Entender a importância relativa daquilo que você faz e de como usa o seu tempo é a chave para ser competente e eficiente.

Você acha que, ao fim de um dia típico de trabalho, realizou tudo *exceto* o item mais importante na sua lista de pendências? Esse é um exemplo de "prioridade reversa". As tarefas fáceis são feitas enquanto as mais relevantes permanecem pendentes. As pessoas que agem e são bem-sucedidas como líderes aprendem a priorizar.

Criar uma lista diária das tarefas a serem cumpridas é apenas parte da solução. A outra parte consiste em saber o que é mais importante na lista e optar por completar essa tarefa primeiro.

Viva com propósito

Você não pode acrescentar tempo à sua vida. O desafio para todos nós é acrescentar vida ao nosso tempo. Em outras palavras, progredir, alcançar melhores resultados e contribuir mais. É disso que se trata a verdadeira liderança.

A maioria dos momentos considerados determinantes em nossa vida na verdade não tem esse peso todo. Formatura da faculdade, casamento e aposentadoria são apenas momentos de celebração. A formatura comemora o tempo que você passou na faculdade. O casamento simboliza a conquista que o levou à vida a dois. A aposentadoria celebra uma vida de trabalho. Em cada um desses exemplos, o rumo da pessoa já estava definido antes de o fato ocorrer.

Que momento determina a pessoa que você é? O agora. Cada momento que vivemos ajuda a definir quem somos. Aqueles que agem como líderes na própria vida e na vida dos outros entendem isso e optam por viver *com propósito.*

Ao prestarmos atenção e nos importarmos com cada momento, podemos criar um legado de realizações e conquistas no trabalho e na vida – em tudo o que fazemos.

LIDERANÇA EM AÇÃO

DESCARTE AS ATIVIDADES QUE NÃO AGREGAM VALOR

Ninguém tem mais do que 24 horas em cada dia. Nosso objetivo deveria ser aproveitar ao máximo esse precioso recurso fazendo aquilo que é importante para nós.

Você participou de alguma reunião na semana passada que foi uma completa perda de tempo? Quando se achar no meio de uma reunião que não irá trazer nenhum retorno para você nem para os demais participantes, peça licença para tratar de um assunto mais urgente. Melhor ainda, trabalhe no sentido de evitar esse tipo de compromisso a todo custo.

Os grandes avanços da História aconteceram como resultado do modo como os indivíduos usaram o tempo e o conhecimento deles mesmos e dos outros.

A maneira de gerenciar esses recursos preciosos determina quanto você é eficiente na vida – seja qual for o seu cargo.

IDENTIFIQUE SUAS ATIVIDADES MAIS IMPORTANTES

Quando se trata de liderança, precisamos identificar as atividades MVL: *M*ais *V*aliosas e *L*ucrativas.

Se você for como eu, faz 50, 75 ou 100 coisas diferentes em um dia. O dilema é que apenas algumas dessas atividades realmente têm importância.

Quais são as seis a oito atividades MVL que lhe dão maior retorno no que diz respeito ao tempo e à energia investidos nelas? Faça uma lista.

Agora aja no sentido de gastar 60% a 80% de cada dia nessas atividades. Você ainda terá de 40% a 20% do dia para lidar com interrupções e pedidos, apagar incêndios e contornar emergências que não poderia prever.

PRINCÍPIO NÚMERO 3

Exerça o poder com as pessoas

Liderar é a arte de conseguir que pessoas comuns tenham um desempenho fora do comum.

– ANÔNIMO

As pessoas que fazem acontecer

Tudo o que realizamos se deve não só aos nossos esforços como também aos *esforços dos outros.*

O principal executivo de finanças de uma empresa, discutindo o potencial de liderança de um conhecido nosso, disse para mim: "Sei que ele é muito produtivo, talvez a pessoa mais produtiva que eu conheço. O que eu ainda não vi nele foi a capacidade de alavancar seus esforços e conseguir resultados por meio do esforço dos outros. É isso que irá determinar se ele será bem-sucedido como líder."

Alcançar qualquer objetivo significativo requer o apoio e a cooperação dos outros. A maior diferença entre aqueles que *gerenciam* pessoas e os que *lideram* pessoas está no crescimento dos seus subordinados. Isso serve para quem gerencia ou lidera uma família, uma iniciativa para arrecadar fundos, uma equipe de projetos ou uma empresa.

EXERÇA O PODER COM AS PESSOAS

Logo depois de formado, trabalhei como representante de vendas. Minha assistente era uma mulher muito competente, chamada Teri. Tínhamos uma boa relação de trabalho.

Na primeira ocasião em que recebi um cliente em visita à empresa, mostrei todas as nossas instalações e o apresentei aos profissionais com quem ele sempre falava por telefone, a fim de que pudesse ligar os nomes às pessoas.

Paramos na baia de Teri. Por ser novato e um tanto ingênuo, eu a apresentei dizendo:

– Esta é a Teri. Ela trabalha para mim.

Jamais esquecerei a reação de Teri.

– Eu trabalho com você, Mark, não para você – respondeu ela calmamente.

Aprendi uma importante lição de liderança nesse dia. Claro que Teri poderia ter esperado o cliente ir embora para me dar aquela resposta, mas, embora o momento não fosse o ideal, a lição foi profunda. Teri tinha razão. A escolha das minhas palavras evidenciava minha ignorância de achar que tinha poder sobre alguém por causa da minha posição hierárquica. Como todos os líderes sabem, ter liderança é exercer o poder *com* as pessoas, e não *sobre* as pessoas.

GERENTES X LÍDERES

Gerentes têm empregados	Líderes conquistam seguidores
Gerentes reagem às mudanças	Líderes criam mudanças
Gerentes têm boas idéias	Líderes implementam essas idéias
Gerentes informam	Líderes convencem
Gerentes comandam grupos	Líderes formam equipes
Gerentes tentam ser heróis	Líderes transformam em heróis todos ao seu redor
Gerentes assumem o crédito	Líderes assumem a responsabilidade
Gerentes exercem o poder *sobre* as pessoas	Líderes exercem o poder *com* as pessoas

O SEU IMPACTO SOBRE OS OUTROS

Você levanta as pessoas ou as põe para baixo?

Motiva ou desmotiva os outros?

Tenta ser o herói ou transforma em heróis as pessoas ao seu redor?

Aqueles que querem ser líderes (ou liderar melhor) devem aprender a animar as pessoas, motivá-las e fazer delas heróis.

De acordo com o pesquisador Tom Rath, do Gallup, a principal razão que leva os funcionários a pedir demissão é a falta de valorização. Todos querem se sentir importantes, ser reconhecidos por aquilo que fazem. Como já dizia, no século XIX, o primeiro-ministro britânico Benjamin Disraeli: "O maior bem que você pode fazer por alguém não é simplesmente dividir com ele suas riquezas, mas mostrar que ele tem suas próprias riquezas."

Sam Preston é um exemplo vivo do que acabei de dizer. Ele se aposentou das Ceras Johnson depois de muitos anos de trabalho como vice-presidente executivo. Quando estava na empresa, Sam fazia questão de mandar bilhetes escritos à mão quando achava que um funcionário fizera algo digno de reconhecimento. O bilhete dizia: "Parabéns pelo trabalho bem-feito", com as letras MBF rabiscadas no topo. MBF queria dizer "muito bem-feito". Quando ele se aposentou, a empresa organizou uma festa em sua homenagem. Ele ficou maravilhado pelo número de pessoas enfileiradas para recebê-lo, segurando amassados pedaços de papel amarelado, alguns com 15 anos de existência, com as letras MBF no topo. Aquele pequeno gesto de reconhecimento e apreciação representou tanto para os seus subordinados que eles guardaram os bilhetes todos aqueles anos. Um ato insignificante que teve um resultado significativo. A lição: é importante fazer com que os outros se sintam valorizados. E mais importante ainda é fazer as pessoas saberem que alguém acredita tanto nelas que não vai deixar que elas sejam menos do que podem ser.

CARÁTER, COMPETÊNCIA E CONEXÃO

Para utilizar a força dos outros, convença-os a seguir sua liderança. Isso é ainda mais essencial para os líderes sem um cargo, que não têm autoridade para promover ou demitir. Para fazer com que os outros o sigam, você precisa de caráter, competência e conexão – o que eu chamo de 3 Cs.

Caráter

Aqueles que desejam influenciar os outros precisam entender o valor do caráter, a despeito do cargo. Todos temos pontos fracos.

Para conhecer nossos pontos fracos, precisamos estar abertos às críticas. Para ouvir uma crítica honesta, precisamos ganhar a confiança das pessoas.

A palavra *hipócrita* vem da palavra grega *hupokrites*, que significa literalmente "ator". Os atores gregos usavam máscaras e fingiam ser o que não eram. Trata-se de um talento básico para o teatro, mas de uma característica terrível em um líder. A confiança é vital para a liderança. Se os outros não confiam em você, como poderão segui-lo?

Quando perguntam ao guru da administração Tom Peters o que é preciso para obter a confiança das pessoas, ele responde: "Seja digno dessa confiança." O que isso significa?

Se você não sabe algo, assuma.
Não faça promessas que não pode cumprir.
Prometa menos e faça mais.
Tenha o cuidado de criar expectativas realistas.

Outro aspecto fundamental do caráter é a humildade. Como diz Rick Warren, autor do livro *Uma vida com propósitos*: "Humildade não é pensar que você é menos. É pensar menos em você." O oposto da humildade não é o orgulho; é o egocentrismo. É difícil liderarmos ou inspirarmos os outros, em casa ou no trabalho, quando pensamos apenas em nós mesmos.

Competência

Poucas coisas me dão tanto prazer na vida como ter meus sapatos bem engraxados. Eu estava fazendo uma conexão aérea em Detroit quando resolvi engraxar os sapatos. Mas, antes de decidir se daria ou não o trabalho ao engraxate próximo ao portão de embarque, observei-o por alguns minutos para verificar a qualidade do seu serviço. Os sapatos que ele engraxava pareciam excelentes, então decidi arriscar.

Enquanto ele trabalhava, fiz um comentário sobre a qualidade dos serviços de engraxate que já obtive em outros aeroportos e mencionei que era difícil avaliar esse tipo de serviço em lugares onde nunca havia estado antes. Ele ergueu os olhos, espantado.

– É fácil saber se seus sapatos serão ou não bem engraxados – disse ele. – Basta olhar para os sapatos do engraxate. Se eles não estiverem brilhando, procure outro profissional.

Dei uma olhada nos sapatos dele. Brilhavam, literalmente. Os sapatos eram uma propaganda ambulante de sua competência.

As pessoas que agem como líderes exalam competência – por meio de suas ações, sua aparência e de todas as tarefas com as quais se comprometem.

Conexão

Quando agimos como líderes de verdade, aqueles ao nosso redor criam laços conosco – não por causa de nossa posição ou nosso cargo na empresa, e sim por causa da relação que estabelecemos com eles. Mas esse tipo de vínculo afetivo só será criado se você estiver verdadeiramente preocupado com essas pessoas. Não se pode criar uma conexão por meio de macetes, truques ou atalhos. Quando você se importa com os outros – mesmo com aqueles com os quais o contato é apenas superficial – isso fica evidente. Ser gentil é fundamental.

No criativo artigo da *Harvard Business Review* intitulado

"Competent Jerks, Lovable Fools and the Formati
Networks" (Babacas competentes, idiotas amáveis e a
rede social), Tiziana Casciaro e Miguel Sousa Lob
que, quando as pessoas precisam que um trabalho s
escolhem um colega com quem tenham afinidades, e não o mais capaz. Claro que é importante ser competente, mas, se você quer ser aquele que os outros procuram quando necessitam de ajuda, é bom também ser alguém fácil de se gostar. Gostamos de pessoas que são parecidas conosco, pessoas com quem estamos acostumados, que têm sentimentos recíprocos em relação a nós mesmos e que são atenciosas, alegres e generosas.

MOTIVE OS OUTROS

As pessoas executam tarefas pelos *próprios motivos*, não pelos *seus*. Para ser um líder eficaz, você precisa saber motivar os outros.

No fundo, todo mundo precisa de uma razão para fazer as coisas. Todos estão sobrecarregados de tarefas que demandam tempo e energia. Para conquistar o apoio e a disponibilidade dos outros, mostre a eles o que ganharão com isso.

Há muitos anos, em uma cidade do Meio-Oeste americano, testei um novo seminário chamado "Como motivar pessoas". A maioria dos quase 300 membros da platéia era formada por gerentes, embora boa parte não fosse do alto escalão. Aqueles ouvintes estavam especialmente interessados em como motivar os outros, principalmente os que não eram subordinados a eles e sobre os quais não tinham poder.

Ao falar sobre as várias recompensas e punições que podiam ser usadas para motivar as pessoas, indaguei:

– Quantos aqui tiveram um chefe que perguntou o que motivava *você*?

Depois de um breve silêncio, umas poucas mãos se ergueram – numa estimativa rápida, não mais do que 15% do grupo.

Desde então, obtive a mesma reação de outras platéias ao longo dos anos. A questão é que muitos esforços no sentido de motivar os outros se baseiam em suposições. Os administradores *acham* que sabem o que motiva seus funcionários. Mas raramente se dão o trabalho de descobrir se suas suposições têm fundamento. Por isso, pergunte aos outros o que os motiva. Um dos modos mais eficientes de engajar as pessoas é simplesmente dizer a elas: "Preciso de sua ajuda."

O próprio pedido *convida* à participação (em vez de ordenar). Ao mesmo tempo, você deixa claro que a opinião da outra pessoa é relevante.

Nem todo mundo vai corresponder às suas expectativas. Embora você possa não obter tudo pelo que ansiava e esperava, certamente obterá mais do que conseguiria por outros métodos. Uma das grandes realizações que pode conseguir como líder é alguém lhe dizer que você o ajudou a ser melhor do que ele pensava que poderia ser.

CONFRONTE OS PROBLEMAS

Poucas pessoas gostam de confrontos. E ninguém gosta de ser confrontado.

Mas é claro que, ao liderar os outros, às vezes os confrontos são inevitáveis. Se você evitar o confronto quando ele for mais exigido, dificilmente os outros o levarão a sério.

A solução é confrontar os *problemas*, não as *pessoas*.

Nunca é sábio ignorar um conflito na tentativa de suavizar as coisas em uma relação. Fazer isso resultará no oposto ao longo do tempo e pode gerar ressentimento entre colegas e subordinados.

Quando precisar confrontar alguém, mostre preocupação com seu interlocutor. Lembre-se de que a maioria dos problemas requer a colaboração de outra pessoa para ser solucionada. Alienar o outro quase sempre arruína o processo.

Concentre-se em corrigir o comportamento e as atitudes da outra pessoa em vez de julgá-la. Esteja aberto a examinar o papel de seu próprio comportamento e de suas atitudes na relação. Conversar sobre *o que aconteceu* de errado em vez de *quem* errou não deixará o outro na defensiva.

NÃO TEMA DESAFIAR AS PESSOAS AO SEU REDOR

Um professor universitário, dirigindo-se à multidão de estudantes reunidos no primeiro dia de aula, começou dizendo a eles como o curso seria difícil e quanto trabalho extra iria exigir. Uns poucos se levantaram e saíram.

Então ele informou aos alunos que o esforço necessário para ser aprovado seria equivalente ao de tirar a nota máxima nas outras matérias. Mais alguns pegaram seus livros e foram embora.

Ele advertiu os restantes de que estar interessado no curso não era suficiente. Para terem sucesso, precisavam ser apaixonados pelo assunto. E, com isso, outros jovens atordoados deixaram a sala.

Ao reduzido mas claramente determinado grupo que permaneceu na sala, o professor finalmente disse:

– Não se preocupem. O curso não será tão difícil quanto fiz parecer. Eu só queria ter certeza de que iria contar com os estudantes mais comprometidos.

Em vez de minimizar o trabalho que eles teriam de fazer, o professor optou por desafiar seus alunos de modo que apenas os mais engajados resistissem. Essa pode ser uma ferramenta útil para qualquer um que queira agir como líder.

Ao menosprezar aquilo de que você precisa por medo de ser rejeitado, a tendência é conseguir um retorno abaixo do esperado. Peça um grande comprometimento e você aumentará a probabilidade de obter em contrapartida um esforço satisfatório.

DÊ O EXEMPLO

Seu trabalho como líder é agir como um termostato, não como um termômetro. Mostre aos outros a atitude, o comprometimento e o desempenho que espera deles. O industrial Harvey Firestone já dizia: "Você obtém o melhor dos outros quando dá o melhor de si mesmo." Isso serve para pais, professores, administradores e empresários.

Obter o melhor dos outros – e ajudá-los a dar o melhor de si – é a própria definição de poder pessoal.

LIDERANÇA EM AÇÃO

DEMONSTRE SEU RECONHECIMENTO

Para agir como um líder, comemore o sucesso dos colegas e subordinados como se fosse o seu próprio. Demonstre seu reconhecimento constantemente.

PERGUNTE AOS OUTROS O QUE OS MOTIVA

Aqui estão algumas das perguntas que você pode fazer para descobrir o que motiva as pessoas.

- O que você mais gosta no trabalho? Qual é a sua atividade preferida?
- O que menos gosta de fazer?
- Como definiria seu estilo de trabalho?
- Com quem gosta de trabalhar? E com quem não gosta de trabalhar? Por quê?
- O que o incomoda em fazer parte de uma equipe?
- O que você gosta no trabalho em equipe?
- O que espera estar fazendo daqui a 10 anos?
- Quais os valores pelos quais você tenta guiar sua vida?

COLABORE

Ao tomar parte em projetos, encontre maneiras de colaborar com as outras pessoas. Desse modo, as idéias de cada indivíduo se tornarão lições a serem aprendidas pelo restante do grupo.

Para obter o comprometimento dos outros, pergunte:

- O que você acha que deveríamos fazer?
- O que faria se estivesse no meu lugar?
- Que oportunidades estamos ignorando?
- Você tem informações ou idéias que poderiam beneficiar os demais?

PRATIQUE O CONFRONTO DIPLOMÁTICO

Pense em um membro da equipe ou um colega que esteja causando problemas. Em vez de confrontá-lo, considere que aspecto do comportamento dessa pessoa é inadequado. Depois de identificar o(s) aspecto(s), reafirme à pessoa que a tem em alta conta, mas diga a ela claramente o que precisa ser mudado.

PRINCÍPIO NÚMERO 4

O poder da comunicação persuasiva

Há muitas palavras belas e bem poucas ações que correspondam à beleza delas.
– ABIGAIL ADAMS

O objetivo não é comunicar

Um gerente de vendas me abordou depois de uma palestra sobre liderança em uma assembléia do seu sindicato. Seu tom sinalizava algo entre a perplexidade e a provocação.

– Você falou sobre como os líderes precisam ser persuasivos ao se comunicarem – começou ele. – Mas eu tenho um problema com a palavra "comunicação". É ambígua demais. Eu disse à minha equipe que não estou interessado em comunicação; o trabalho deles é *entender*! Se uma venda não é efetivada é porque não houve entendimento.

O gerente de vendas tinha razão. Comunicar *não é* o objetivo principal nos negócios ou na vida. O objetivo é o entendimento. A comunicação é simplesmente uma ferramenta para se alcançar o entendimento.

Isso me lembra de uma noite em que minha família saiu para jantar. Enquanto aguardávamos uma mesa, Darla, minha mulher, lia o cardápio em voz alta e se entusiasmou com a oferta do dia.

– Vejam, meninos: o prato do dia é peixe.

Nesse instante, Jack, na época com 5 anos, respondeu desanimado:

– Ah, não! Só posso comer peixe? Eu queria um hambúrguer!

Em uma pesquisa, a falta de comunicação foi apontada como a causa do baixo desempenho dos empregados por 80% dos entrevistados (se você tiver uma definição bastante ampla de comunicação, poderá dizer que ela é responsável pela totalidade dos problemas que enfrentamos).

Comunicar-se *eficientemente* é agir como um líder.

UMA MUDANÇA SUTIL PODE FAZER UMA DIFERENÇA IMPRESSIONANTE

Pediram ao meu amigo Jerry que fizesse um discurso em louvor à vida de um outro amigo que falecera. Jerry preparou suas falas com cuidado. Um pouco antes da cerimônia, a viúva implorou a ele:

– Jerry, não quero que isso seja triste e deprimente.

O que ele fez? Trocou uma palavra do seu discurso por três. O restante dos comentários foram ditos exatamente como haviam sido escritos.

Quais foram as três palavras que ele alterou?

Ele substituiu a palavra "funeral" pela expressão "celebração da vida".

As palavras têm o poder extraordinário de mudar nossos pensamentos, nossas emoções, de influenciar atitudes e de alterar resultados. As pessoas que agem como líderes na vida, a exemplo de Jerry, entendem que até mesmo umas poucas palavras podem fazer uma grande diferença em se tratando de se comunicar com os outros.

EM VEZ DE DIZER, VENDER

A crença de que uma idéia, plano, projeto ou solução é tão boa que não precisa ser vendida é absurda. Nem a melhor idéia do mundo poderá fazer algum bem à humanidade se ninguém a comprar. Você precisa ser capaz de convencer os outros das vantagens e da força de suas idéias.

Ainda assim algumas pessoas consideram degradante a idéia de se tornarem vendedoras. Acho que a razão para isso é a confusão que se faz entre vender e manipular. Elas partem do pressuposto de que um vendedor tem em mente atingir determinado objetivo ou compromisso à custa delas. De algum modo, todo o processo foi manchado por uns poucos indivíduos inescrupulosos.

Vender é simplesmente ajudar as pessoas a tomar uma decisão que é boa para elas.

Quando você tem uma boa idéia – um bom produto ou serviço, ou uma solução que pode ser benéfica para os outros – é sua *responsabilidade* vendê-la. Falar sobre ela não é o bastante.

A ÚNICA MANEIRA SEGURA DE CRIAR HARMONIA

Por harmonia me refiro a "um sentimento de conforto". Tendemos a gostar das pessoas que achamos parecidas conosco.

Quando o assunto é vendas, é essencial estabelecer uma harmonia. Uma técnica eficiente para isso é procurar por similaridades entre você e o outro. Vocês gostam das mesmas atividades? Têm amigos em comum?

Mas há um modo muito mais fácil e natural de criar uma harmonia. Pergunte a si mesmo: qual é a única coisa que sempre terei em comum com outra pessoa ou outro grupo?

A resposta é: *o benefício deles.*

Quando as pessoas sabem que você está interessado no bem delas e em ajudá-las a satisfazer suas necessidades, elas confiam em você. É da natureza humana. E o interesse verdadeiro em ajudar os outros e fazer uma diferença positiva é a essência da liderança.

INFLUENCIE

As pessoas que agem como líderes se importam menos com a impressão que causam e mais em influenciar os outros a tomar atitudes positivas. Líderes eficazes sabem o que querem alcançar com cada conversa, e-mail, telefonema ou discurso.

Quando se comunicam, eles começam tendo o fim em mente. Pergunte a si mesmo: o que quero que a pessoa com quem estou me comunicando pense, sinta e faça quando eu terminar?

Antecipe-se ao feedback

Uma das piadas mais bobas que eu conheço é a de um homem subindo uma estrada montanhosa em um jipe. Descendo a montanha na outra faixa está uma mulher, também num jipe. Quando ela passa por ele, põe a cabeça para fora da janela e grita: "Porco!"

O homem fica ofendido. Por que aquela mulher o xingou? Com que direito julga o seu caráter?

No momento em que olha pelo retrovisor para o carro da mulher, ele atropela um porco que estava parado no meio da estrada.

A mulher não estava criticando o outro motorista, e sim avisando-o do perigo que tinha pela frente. Infelizmente, o feedback dela foi limitado pelo tempo. Se as circunstâncias tivessem permitido, ela poderia ter dito: "Há um animal grande no meio da estrada, mais à frente. Tenha cuidado!"

São assim as armadilhas da comunicação. Quando você não tem tempo de passar a mensagem com clareza, as chances de haver algum mal-entendido – e até mesmo um desastre – são grandes.

Um modo de ter certeza de que a outra pessoa ouviu e entendeu o que você comunicou é pedir a ela que repita a mensagem com suas próprias palavras. Diga a ela: "Quero saber se expliquei isso claramente. O que você entendeu do que acabei de falar?"

Receber um feedback é um excelente modo de ajustar sua mensagem e assegurar o entendimento. O único inconveniente é o fato de ser algo a posteriori. Para aumentar as chances de sucesso no futuro, por que não *se antecipar ao feedback*? Isto é, dar às pessoas as informações de que elas precisam para serem bem-sucedidas antes de se comprometerem com alguma coisa.

O feedback avalia o que foi feito.

Antecipar-se ao feedback esclarece as expectativas sobre o que precisa ser alcançado.

O feedback *remedeia*.

Antecipar-se ao feedback *previne*. Em vez de esperar até mais tarde para saber se você se comunicou com clareza, antecipar-se ao feedback dá às pessoas as respostas capazes de evitar o surgimento de problemas.

Conte uma história melhor

Sempre que me encontro com uma pessoa que ouviu uma palestra minha, gosto de perguntar o que ela achou de tudo o que eu disse. Ninguém me fala: "Adorei as reflexões que propôs a respeito da fidelidade do consumidor." Ou: "Seu argumento sobre assumir a responsabilidade me pareceu ir direto ao ponto." Em vez disso, dizem: "Adorei aquela história que você contou sobre Fred, o carteiro" ou "Gostei muito daquela história sobre os esquilos e o comedouro".

As pessoas se lembram de histórias

As histórias são os cabides da mente. As pessoas penduram suas idéias neles. Elas são capazes de recordar qualquer moral importante ou argumento que você tenha usado desde que possam relacioná-los a uma história marcante que ficou gravada na memória.

Quem age como líder sabe que histórias ilustram e fatos validam. Fatos e estatísticas apóiam, mas jamais substituem uma boa narrativa.

Boas histórias são poderosas porque têm um apelo emocional. Elas comunicam não apenas o que aconteceu, mas como a pessoa se sentiu a respeito do acontecido. Estatísticas podem nos permitir chegar a conclusões, mas raramente nos induzem ao comprometimento.

Há um velho poema que diz: "Prefiro ver um sermão a ouvir um. Prefiro aquele que anda comigo àquele que simplesmente aponta o caminho."

Contar uma história divertida é importante, mas *ser* a história é melhor ainda. Reforçar quem você é por meio das histórias que conta ajuda a conquistar credibilidade junto ao público.

TODAS AS SUAS AÇÕES FAZEM DIFERENÇA

Quando não estou viajando, levo meu filho Hunter à escola pela manhã.

Numa semana em que eu estava fora da cidade, minha esposa, Darla, o levou de carro. O tráfego estava especialmente tranqüilo naquela manhã, o que levou Hunter a perguntar à mãe:

– Onde se meteram os malditos motoristas?

Darla ficou chocada com o linguajar dele.

– Por que você está dizendo uma coisa dessas, querido?

– É que quando meu pai me leva para a escola as ruas estão cheias de malditos motoristas! – respondeu meu filho.

Essa história serve para mostrar que tudo o que você faz tem um impacto. Suas ações podem tanto ajudar a melhorar os outros quanto a diminuí-los. As pessoas observam o seu comportamento e são influenciadas por ele, para melhor ou para pior.

Esforce-se para viver de acordo com um alto padrão, sabendo que lidera os outros tanto com suas ações quanto com suas palavras.

CHAMADO PARA A AÇÃO

Muitas pessoas se comunicam sem um chamado claro para a ação. Todo e-mail, telefonema, recado, conversa ou discurso deveria ser concluído com um chamado para a ação, com algo como: vamos fazer isso, vamos em frente, dar o próximo passo, nos envolver, fazer o nosso papel, etc.

Jeff Salzman, que fundou com Jimmy Calano a empresa de treinamento CareerTrack, conclui suas negociações perguntando: "Você me dá a sua palavra?" É uma boa técnica para assegurar o comprometimento de alguém. A maioria das pessoas leva muito a sério o ato de dar sua palavra. Se estiverem hesitantes ou relutantes, isso virá à tona na mesma hora.

COMO OS LÍDERES SE COMUNICAM

Os outros falam. *Os líderes vendem.*

Os outros impressionam. *Os líderes influenciam.*

Os outros tentam ser ouvidos. *Os líderes se esforçam para serem entendidos.*

Os outros explicam. *Os líderes motivam.*

Os outros informam. *Os líderes inspiram.*

Os outros repetem apenas fatos. *Os líderes contam histórias.*

O PODER DA CLAREZA

O discurso de Gettysburg é um dos mais importantes da História americana. Proferido por Abraham Lincoln no cenário de uma das batalhas mais sangrentas da Guerra Civil, ele contém apenas 10 frases. Mas naquelas poucas frases Lincoln foi capaz de transmitir grandes verdades de maneira poderosa e inesquecível.

O que você talvez não saiba é que havia outro orador no púlpito naquele dia em Gettysburg – um senador chamado Edward Everett. Considerado um dos oradores mais habilidosos de seu tempo, o senador Everett viajou por todo o país discursando. Ele era o equivalente ao palestrante profissional de hoje. Mas, apesar de eloqüente, também era enfadonho. O discurso dele em Gettysburg durou quase duas horas. O breve discurso de Lincoln triunfou por completo sobre a falação interminável de Everett.

Os grandes líderes não são avaliados pela duração de seus discursos, mas pelo impacto de sua mensagem.

LIDERANÇA EM AÇÃO

CONCENTRE-SE NA OUTRA PESSOA

Um dos maiores obstáculos para a comunicação é menosprezar o ponto de vista do outro. Consciente ou inconscientemente, ao ouvir alguém discursar a maioria das pessoas se pergunta: "De que modo isso *me* afeta?" Líderes eficazes ajudam a audiência a responder a essa pergunta fazendo com que ela apreenda facilmente o significado da mensagem.

SIMPLIFIQUE A MENSAGEM

Há muitos anos, ministrei um simpósio sobre liderança para uma empresa de telecomunicações. Usando slides de PowerPoint, a alta gerência apresentou 138 "imperativos da liderança" para os presentes. Não sei quanto a você, mas eu tenho certa dificuldade em me lembrar de telefones de oito dígitos, que dirá 138 imperativos.

As pessoas que agem de maneira eficaz como líderes resumem os detalhes. Elas facilitam o entendimento para os outros.

A única coisa que hoje as pessoas têm menos do que dinheiro é tempo. Os verdadeiros líderes aproveitam o poder do discurso breve como parte do esforço para fazer com que as idéias sejam entendidas e repetidas com facilidade.

DIVIRTA PARA MOTIVAR

Parafraseando Voltaire, o único pecado imperdoável da comunicação é ser entediante.

Para se fazer ouvir e compreender, você precisa encontrar uma maneira de prender a atenção da platéia.

Isso é algo que aprendi na adolescência, com o senador David Johnson, que me disse: "Lembre-se sempre de que, esteja você dando um sermão, uma aula ou proferindo um discurso, no fundo, o que os ouvintes querem é se divertir."

Se você quer obter um comprometimento com a ação, não pode entediar as pessoas. Então tente diverti-las.

PRINCÍPIO NÚMERO 5

O poder da execução

A execução é a carruagem do gênio.
– WILLIAM BLAKE

Faça o que eu faço

Como disse Henry Ford: "Você não pode construir uma reputação em cima daquilo que ainda vai fazer."

Líderes têm QI alto

Um líder prova seu valor por meio dos resultados que produz. Líderes de sucesso quase sempre têm QI alto. Não me refiro ao quociente de inteligência, medido pelo teste de Stanford-Binet. Refiro-me ao que chamo de *quociente de implementação.* Não basta ter boas idéias – você deve ser capaz de implementá-las.

Debbie queria ser uma líder de vendas. Ela entendia a importância do aprimoramento profissional e estava determinada a ler os melhores livros disponíveis sobre o assunto. Tirava de uma a duas horas todos os dias para estudar. Apesar de se sentir bem com sua disciplina, ela estava perplexa com a falta de resultados nas vendas. O problema? Ela não passava o restante do dia *imple-*

mentando o que havia aprendido. Ela fazia o que era mais *agradável* – ler o material –, não o que era mais *produtivo*.

Intenção sem ação é sonhar acordado. As pessoas que agem como líderes unem suas crenças ao seu comportamento. Elas obtêm resultados.

Peter Schultz, ex-presidente da Porsche, disse certa vez a uma platéia da qual eu fazia parte: "Uma má decisão bem implementada é melhor do que uma decisão brilhante que não foi bem implementada."

UMA PROFESSORA COM QI ALTO

Sheila é professora de arte de um centro recreativo em Highlands Ranch, no Colorado. Sua aula de escultura em argila tem duração de uma hora, mas ela costuma deixar os alunos ficarem por mais meia hora, tempo pelo qual ela não é remunerada.

Se liderança é influência positiva, então Sheila é uma líder exemplar – uma grande encorajadora tanto de seus alunos quanto dos pais deles. Ela ensina a esculpir e esmaltar objetos feitos de argila. Mas pode começar uma aula típica com os alunos tocando tambores de índios americanos, depois de contar uma história que ensina uma importante lição de vida retirada da cultura ancestral do Oeste dos Estados Unidos.

Durante a aula, Sheila aproveita todas as oportunidades para ensinar, e não apenas arte. Ela explica a importância de trabalhar em equipe e diz a seus alunos que cada criança é única e que não há nada de mau em ser diferente.

Seu poder de influenciar positivamente vem da atenção cuidadosa que ela presta às habilidades de cada aluno e da disposição para trabalhar com cada um individualmente. Ela traz seus próprios livros, vídeos e revistas para ajudar as crianças em seus projetos particulares e desenvolver seus talentos específicos.

Quando os pais chegam para buscar os filhos, ela discute com eles o progresso da criança. Sheila percebeu que um garotinho tinha problemas com suas habilidades espaciais, algo que identificara no próprio filho há algum tempo. Depois de discutir o assunto com os pais do garoto, ela lhes indicou um médico.

Outro menino criou, em argila, a representação de uma cena esquimó. Sheila cortou uma tira de um casaco de pele que tinha em casa e levou para a aula, a fim de que o aluno pudesse fazer cobertores para os esquimós.

Sei por experiência própria que Sheila é uma excelente líder, pois meus filhos, Jack e Hunter, são seus alunos. E, graças a ela, ambos estão se interessando por arte e Hunter tem cobertores no seu quadro de esquimós.

VISIONAR

Uso este termo para definir o que fazem as pessoas que são bem-sucedidas como líderes: *visionar. Visão* é um substantivo. *Visionar* é um verbo que descreve a habilidade de alguém para concretizar uma visão.

"Líderes visionários" são aqueles que possuem uma visão ampla do futuro e são capazes de articular essa percepção com eloqüência a fim de inspirar seus subordinados.

Para mim, a diferença entre visão e visionar é similar à diferença entre criatividade e inovação. A maioria das pessoas é bastante criativa. Deixe-me dar um exemplo. Quantas vezes você já viu um anúncio ou estava fazendo compras e percebeu um produto novo no qual tinha pensado anos antes?

Em outras palavras, você *é* criativo; todos nós somos capazes de ter novas idéias.

A inovação, por outro lado, é a capacidade de implementar essas idéias. A pessoa ou a empresa que pegou a mesma idéia que você teve e depois projetou, fabricou e distribuiu o produto foi *inovadora*.

AS BARREIRAS À EXECUÇÃO

Estas são algumas das coisas que impedem as pessoas de tomarem atitudes ousadas e colocarem suas idéias em prática.

Paralisia por análise

Algumas vezes, analisamos um problema exaustivamente em vez de tomar uma atitude para solucioná-lo. Sim, tomar uma atitude sem as devidas considerações é arriscado e até mesmo perigoso. Mas o mesmo risco existe quando você estuda demais uma situação em vez de fazer algo a respeito.

Se estiver com receio de não ter todas as informações necessárias, pergunte-se: "Essa informação adicional irá me ajudar a acertar o momento de tomar uma atitude ou a melhorar a qualidade das ações?"

Um gerente que conheço procura encorajar a liderança com "l" minúsculo. Ele diz aos funcionários: "Se um cliente apresentar um problema, uma preocupação ou uma reclamação, lide com isso imediatamente. Não piore a situação indo atrás de mim para que eu decida o que fazer. Depois que tiver satisfeito o cliente, me diga o que fez. Se eu puder pensar numa maneira de fazer melhor numa próxima vez, vou lhe ensinar. Em todo caso, você nunca vai se dar mal por tomar a iniciativa de resolver problemas."

Medo do fracasso

É verdade que, quando você age, pode fracassar. Também é verdade que, se não agir, nunca vai fracassar – mas, é claro, também jamais alcançará alguma coisa significativa.

Por mais informações que você consiga coletar, o sucesso nunca será garantido. O fato é que as pessoas que agem como líderes fracassam com mais freqüência do que as outras. Por quê? Porque elas tentam mais e assumem mais riscos. Fracassar lutando por uma causa importante é o preço que os líderes pagam pelo sucesso.

Confundir falar com tomar uma atitude

Discutir um problema ou uma oportunidade não quer dizer implementar. Não aumenta o seu QI. A discussão *antecede* a ação.

Ao fim de cada reunião ou conversa, defina quem vai fazer o quê. Assegure-se de que cada um assumiu a responsabilidade por suas tarefas específicas. Determine prazos. Agende uma data e um horário para que todos prestem contas dos resultados ou para que se encontrem novamente a fim de discuti-los.

Aceitar explicações como desculpas

Quando algo não dá resultado, sempre há uma explicação. Mas nunca aceite uma explicação como desculpa. "Não consegui a informação de que precisava" ou "O pacote chegou atrasado" são explicações razoáveis, mas não eximem a pessoa encarregada da tarefa de sua responsabilidade. Tanto o indivíduo quanto a empresa se enfraquecem quando explicações são usadas como justificativas.

Em vez de fazer isso, use as explicações para entender o que aconteceu, depois procure aprender a lição que, no futuro, impedirá que aquilo se repita.

COMO AUMENTAR O SEU QI

Implementar uma ação é tanto uma questão de atitude quanto uma habilidade. Acredito que as idéias a seguir poderão inspirá-lo a aumentar bastante o seu quociente de implementação:

1. Sonhe grande

Determine o que você quer alcançar. Pense no que precisará para conquistar seu objetivo mais ambicioso: em termos de tempo, conhecimento e apoio.

Francis Ford Coppola disse: "Não trabalhe em nada menor do que uma escala épica." Pergunte-se: "Se pudermos transformar o sonho em realidade, com o que ela vai se parecer?"

2. Planeje pequeno

Grandes planos podem ser arruinados por pequenos detalhes. Divida projetos complexos em tarefas menores. Uma ótima maneira de dar impulso ao trabalho é completar o máximo de pequenos itens o mais rápido possível. Você começará a notar um progresso visível em direção ao seu objetivo final.

Para criar um plano eficaz, pergunte:

- O que precisa ser feito?
- Por que estamos fazendo isso?
- Quem são os responsáveis pelo cumprimento de cada tarefa?
- Quando as coisas irão acontecer?

Complete as respostas com os detalhes necessários para criar um plano abrangente e prático.

3. Trabalhe em equipe

É aqui que sua habilidade interpessoal é posta à prova. Inspirar os outros a fazer mudanças positivas requer comunicação persuasiva e talento para lidar com as pessoas.

De quem você precisa na sua equipe? Que papel terá cada membro? Faça uma seleção baseada nas competências, não em preferências pessoais. Caso não alcance seu "resultado ideal", quais alternativas está disposto a aceitar?

Responsabilize as pessoas pelos resultados, não pelo esforço. Elas podem parecer ocupadas e alcançar muito pouco, portanto procure avaliar aquilo que você mais estima.

4. Continue se esforçando

> *Há noites em que executo uma peça* perfeitamente.
> *Então, na noite seguinte, toco ainda* melhor.
> – JEAN-PIERRE RAMPAL, FLAUTISTA

As empresas estão freqüentemente buscando práticas vencedoras na sua área de atuação. Elas selecionam as melhores técnicas e idéias no mercado e as implementam.

Os indivíduos também fazem isso. O problema, contudo, é que, uma vez que uma ótima prática é adotada, a maioria das pessoas e empresas respira aliviada e volta ao trabalho como de costume. Elas param de buscar o aperfeiçoamento.

Minha sugestão é fazer o máximo que puder naquilo que já está fazendo e continuar a procurar *práticas ainda melhores*. A prática bem-sucedida de hoje é a moda descartada do ano que vem.

5. Seja audacioso

A Companhia dos Fuzileiros Navais ensina que é melhor fazer qualquer coisa do que não fazer nada. Se você ficar parado, estará na posição em que seu inimigo quer que esteja. Se começar a se mexer, vai mudar as regras do jogo.

– GENERAL PETER PACE, COMPANHIA DOS FUZILEIROS NAVAIS DOS ESTADOS UNIDOS

Se tiver um plano e os recursos de que precisa, implemente logo uma ação decisiva. Lembre-se de que o modo como você age influenciará, e muito, o entusiasmo e o comprometimento daqueles ao seu redor.

Não aja somente uma vez; continue agindo até ser bem-sucedido.

Quando obtiver o sucesso, descobrirá que é capaz de conseguir o tipo de resultado sustentável que a maioria das pessoas somente sonha em alcançar.

ENCARANDO SEUS MEDOS

Não deixe que o medo o impeça de tomar atitudes decisivas.

Eu estava na Austrália para proferir uma série de palestras quando me deparei com uma oportunidade incomum: fazer bungee-jump de uma ponte a 45 metros de altura.

Conversei com pessoas que já haviam feito aquilo e com os profissionais que controlavam a operação de bungee-jump e que haviam orquestrado mais de 40 mil saltos sem morte ou ferimentos graves. Falei com um médico que me assegurou que saltar era seguro. Então decidi pular. Eu me comprometi.

No local do salto, eles haviam construído uma ponte 45 metros acima de uma pequena lagoa. Enquanto subia as escadas que levavam ao alto da ponte, descobri que o comprometimento intelectual com o salto diminui proporcionalmente à altura em que você se encontra.

Quanto mais alto eu subia, mais começava a questionar meu julgamento e meu bom senso. Quando cheguei ao topo, o pavor havia tomado conta de mim. A lagoa parecia uma poça de lama. As pessoas pareciam formigas. Cannes, uma cidade a 35 quilômetros de distância, parecia muito mais próxima do que a água lá embaixo.

Então lembrei que tinha lido a respeito de uma parte do cérebro que assume o controle quando estamos com medo, uma parte primitiva com a qual não costumamos nos conectar na vida cotidiana. E pensei que, se eu quisesse mesmo pular, precisaria me apoiar naquela parte primitiva do cérebro, porque meu cérebro lógico e racional estava me dizendo para dar o fora dali. Avisei ao pessoal de apoio que deviam me amarrar rapidamente, para que eu saltasse logo, pois me dei conta de que estava prestes a voltar atrás.

Eles enrolaram a corda em torno dos meus tornozelos várias vezes, prenderam-na à corda principal do bungee-jump e me colocaram em pé na beirada da ponte, olhando para a queda de 45 metros.

Os operadores do bungee-jump avisaram que iriam fazer uma contagem regressiva começando em cinco. "Quando chegarmos ao um, você se joga para a lagoa", instruíram eles. Então contaram até um – cinco, quatro, três, dois, um – e eu, usando aquela parte primitiva do cérebro, saltei para o vazio.

E fiz uma descoberta incrível. Pular não é nem um pouco assustador. A única parte assustadora é *pensar* em pular. Mergulhei 45 metros e o cabo do bungee-jump me ricocheteou de volta por 38 metros. Foi o mais perto de voar que já cheguei. Eu me senti sem peso. Depois de bancar o ioiô humano por três ou quatro vezes, finalmente parei pendurado na corda, me baixaram até um bote, me desamarraram e aquele foi o fim da minha aventura.

Essa experiência me lembrou de que a maioria das coisas que tememos não são tão assustadoras na hora em que finalmente as enfrentamos. Acredito que os líderes de verdade, uma vez que tenham coletado as informações necessárias e tomado uma decisão sobre determinada ação, recorrem à parte primitiva do cérebro que os impulsiona à frente, sem questionamento, discussão, intelectualização ou racionalização. A partir do momento em que se comprometem com uma ação, eles a levam a cabo, apesar da tremedeira ou do medo.

Há outra lição que aprendi ao fazer bungee-jump. A mulher que saltou depois de mim teve mais dificuldade para se jogar da ponte. Os operadores fizeram a contagem regressiva umas 8 ou 10 vezes. Eles precisaram de 10 minutos para fazê-la saltar. E, quando ela finalmente se jogou, foi mais uma queda do que propriamente um salto. Depois que a desceram para o bote e a trouxeram para a margem, perguntei a ela o que a fez ir em frente.

Ela disse que eles fizeram apenas duas perguntas. A primeira: "Como você vai se sentir depois de pular?" E a segunda: "Como vai se sentir se não pular?"

Na próxima vez que estiver diante de uma decisão importante e não tiver certeza do que fazer, pergunte-se: depois que obtiver sucesso em enfrentar o desafio, como você se sentirá? E, se decidir não aceitar o desafio, como vai se sentir, meses e anos depois, tendo deixado de realizar aquele salto?

LIDERANÇA EM AÇÃO

NÃO DEIXE QUE A RESISTÊNCIA O DETENHA

Sempre que decidir promover mudanças, encontrará resistência, seja do seu companheiro, dos empregados, membros de comitê ou colegas de trabalho. Há sempre um vento contrário dificultando o caminho dos que seguem confiantes para a frente.

Apesar de ser importante ouvir o que os outros têm a dizer, às vezes você precisa simplesmente tomar uma decisão e ir em frente a despeito das objeções que encontrar. Dificilmente todo mundo vai compartilhar o seu entusiasmo. Alguns vão resistir e reclamar. Mas o sucesso dos seus esforços irá persuadi-los. E, se você estiver errado, saberá mudar de curso.

SEJA AUDACIOSO

De que maneiras você está tentando fazer com que seus esforços afetem positivamente os outros? Acha que determinado comportamento seria mais eficaz se agisse com mais audácia? O.k., você não quer parecer convencido ou arrogante. Mas os líderes que sabem o que querem e o que é importante para eles agem de maneira confiante.

Em que áreas da sua vida você pode ser mais audacioso?

PRINCÍPIO NÚMERO 6

O poder da generosidade

Se você realmente deseja ser feliz, aprenda a servir.
– ALBERT SCHWEITZER

A razão por que Charlie parou de doar

Charlie Jones é um dos maiores filantropos que conheço. A vida inteira, ele doou generosamente seu tempo e dinheiro. Então você pode imaginar minha surpresa quando ele anunciou a mim e aos demais amigos que não queria mais fazer doações.

Sabíamos que havia algo mais naquela história.

Ele começou a explicar: "Tudo o que tenho, minha vida, meu potencial, meu tempo, foi dado a mim. Eu decidi passar o resto da vida *devolvendo*."

Charlie não estava falando em devolver ao mundo o que havia tirado dele. Ele estava falando sobre fazer do mundo um lugar *melhor*, que é o que os grandes líderes fazem.

Por que as pessoas se dão generosamente? Elas fazem isso porque:

1. DAR NOS ENSINA A VER ALÉM DE NÓS MESMOS

Dar acaba com nossa preocupação egocêntrica, obsessão a respeito de como os outros nos vêem. Lembra-nos de que somos parte de uma comunidade e de que nosso umbigo não é o centro do universo.

2. DAR NOS ENSINA A PRESTAR UM SERVIÇO MAIOR AJUDANDO OS OUTROS

Dar é uma arte. E requer prática. Afinal, qual é o sentido de acumular reservas físicas e emocionais se você não as divide?

3. DAR FAZ DO MUNDO UM LUGAR MELHOR

O capitalismo pode ser uma grande força para o bem. Ter um espírito generoso é uma fonte ainda mais forte de bondade. Juntos, formam uma combinação poderosa.

4. DAR FAZ COM QUE NOS SINTAMOS BEM

Não fazemos o bem porque nos sentimos bem.

Nós nos sentimos bem porque fazemos o bem.

NUNCA É TARDE DEMAIS

O que um fazendeiro aposentado vivendo em um asilo e uma idosa que sempre quis dar uma volta de Rolls Royce têm em comum? Ambos tiveram seus sonhos realizados graças aos esforços de um homem chamado Bob Haverstick.

O fazendeiro tinha saudade de dirigir um trator. Então Bob localizou uma fazenda nas redondezas, para onde o velho fazendeiro poderia ser levado a fim de realizar seu sonho.

E ele arranjou um passeio pela cidade de Indianápolis para a idosa ao estilo com que ela sempre havia sonhado: em um Rolls Royce, alugado pela empresa de Bob.

Bob Haverstick deixou um cargo sênior numa grande empresa para dedicar a vida a ajudar homens e mulheres mais velhos a realizar seus sonhos. Ele encontrou uma maneira de ajudar idosos residentes em enfermarias, casas de repouso e asilos ao criar a organização não governamental Never Too Late (Nunca é tarde demais).

Com a visão de Bob aliada ao apoio de doadores e voluntários, cinco anos depois da sua criação, a Never Too Late já era capaz de realizar de 15 a 20 desejos por mês.

Eis o que Bob disse sobre a organização: "O fundamental é estabelecer conexões, criar uma rede de contatos no melhor sentido do termo, fazer os outros se sentirem melhor. Esse programa se propõe a pegar pessoas que se acham invisíveis e esquecidas e mostrar a elas que nós nos importamos, simplesmente pelo fato de que estão vivas. Não se trata do que elas podem nos oferecer ou fazer por nós, mas de nos lembrarmos delas e as honrarmos por tudo o que já fizeram ou foram durante suas longas vidas."

O que você pode dar?

As pessoas que querem fazer uma diferença positiva no mundo ao seu redor geralmente desejam doar seu tempo, conhecimento, dinheiro e/ou habilidades.

O que transformou o sonho de Bob em realidade foi sua disposição para se doar generosamente. Ele deixou um cargo seguro numa empresa para fundar a Never Too Late, contando apenas com seu tempo e talento. Mas rapidamente atraiu outras pessoas que também queriam oferecer seu tempo, talento e apoio financeiro.

Para muita gente, no entanto, dar é mais difícil do que aparenta inicialmente. O jornal *USA Today* recentemente publicou uma pesquisa na qual o público deveria completar a frase: "Eu doaria mais, porém..." Os resultados:

- 84% afirmaram duvidar que sua doação seria bem utilizada.
- 80% disseram que não tinham tempo para participar por causa de compromissos profissionais.
- 79% disseram que não tinham dinheiro sobrando para dar.
- 70% disseram que as obrigações familiares consumiam todo o seu tempo fora do trabalho.

Depois de ter lido as respostas acima, você reconhece sua própria razão para dar menos de si mesmo do que gostaria?

Lembre-se de que há muitos meios de se dar. Um modo fácil é doando dinheiro. Não é difícil encontrar uma instituição de caridade ou sem fins lucrativos que trabalhe eficientemente no sentido de fazer bom uso dos fundos que arrecada. Se desconfia que a doação não será usada da melhor forma, pense em se envolver pessoalmente na organização para a qual está contribuindo, como uma maneira de fiscalizar seu uso. Ou crie o próprio projeto. Convença seu chefe a ser o mantenedor. Muitas empresas investem dinheiro nisso e algumas liberam os funcionários para prestarem serviço comunitário.

Se você não tem dinheiro sobrando para doar, pode dar seu tempo, seu conhecimento ou suas habilidades.

Liderar é servir

Robert Greenleaf, em *Servant Leadership* (Liderança servidora), afirma acreditar que o propósito de toda liderança é servir. Ele escreveu esse livro em um tempo em que a liderança era comumente vista apenas como símbolo de sucesso e status. Para Greenleaf, a verdadeira liderança não se mede pelo que você alcançou, mas pelo que você doou. Sua obra mudou o modo como se vê a liderança, e sua mensagem se aplica a todos os que lideram, com ou sem um cargo.

Além da contribuição

A vida não é infinita. Temos horas limitadas no nosso dia. Todos precisamos escolher, sempre que possível, onde investiremos nossa energia. Em que causaremos um impacto maior?

A maioria dos líderes servidores em algum momento se pergunta: "Como posso contribuir?" Muitos de nós fomos educados segundo a crença de que não basta ser apenas um consumidor dos recursos mundiais – para chegarmos a um nível mais profundo de realização precisamos também contribuir.

Felizmente, deparamos com oportunidades desse tipo todos os dias. Mas os líderes mais eficientes percebem que a pergunta mais apropriada a se fazer é: "Como posso contribuir *mais e melhor*?"

Servir, não importa de que maneira, é admirável, e é importante que desejemos fazer isso. Mas podemos provocar um impacto maior se contribuirmos com nossas habilidades específicas e paixões, ou seja, dando aquilo que temos de melhor.

A generosidade é um dom que se volta para você

Minha livraria favorita em Denver é a Tattered Cover, em Cherry Creek.

Há algum tempo, eu estava na fila do caixa com algumas compras.

Na minha frente estavam vários meninos do subúrbio fazendo um passeio escolar pela livraria como parte de um projeto de verão. Para encorajá-los a ler, a loja deu a cada um dos alunos um vale-presente para ser usado na compra de livros. Achei uma grande idéia.

A garotinha à minha frente se aproximou do caixa com três livros que ela esperava comprar com seu vale-presente. Eu podia sentir seu nervosismo. A atendente do caixa calculou o preço total, só que o vale-presente da menina não chegava nem perto do valor dos três livros que ela queria. Rapidamente, a garotinha decidiu deixar um dos livros de lado. Na segunda totalização, os dois volumes que restavam ainda eram caros demais.

Nesse momento, as pessoas atrás de mim estavam se perguntando por que a fila não andava. Até mesmo a simpática e disposta atendente estava ficando um tanto impaciente. Pior: parecia que a garotinha estava prestes a desistir de comprar qualquer livro.

Agindo por impulso, procurei depressa nos bolsos por uma nota de 5 dólares.

– Com isso dá para ela comprar os dois livros? – perguntei.

Os 5 dólares cobriam a diferença e ainda sobravam alguns centavos. A garotinha olhou tímida para cima e murmurou:

– Obrigada.

A mulher atrás de mim estendeu os braços e me deu um abraço apertado.

– Você restituiu minha fé na natureza humana! – entusiasmou-se ela.

Não resolvi contar essa história para mostrar como sou um cara legal. Na verdade, me envergonho das oportunidades que tive de ser generoso mas que não vi ou não aproveitei.

Conto essa história porque percebi mais tarde que aqueles foram os meus 5 dólares mais bem gastos naquele mês. Não dei o dinheiro à garotinha por causa da minha necessidade de reconhecimento. Simplesmente dei o dinheiro a fim de ajudar alguém que se beneficiaria com a posse e a leitura de bons livros.

O caso me lembra de que não há como dar sem nos sentirmos positivamente afetados. Este é o segredo da generosidade: *quando você faz do mundo um lugar melhor para os outros, faz do mundo um lugar melhor para si mesmo.*

Nesses 20 e tantos anos que trabalho com formação de líderes, observei que ser útil a alguém pode ser o aspecto mais desvalorizado da liderança. Normalmente, quando pensamos em liderança nos referimos a desempenho, eficiência e resultados. Mas esses aspectos fundamentais brilham com toda a sua força quando coexistem com a generosidade, o serviço e a contribuição. Juntos, eles ajudam a evocar o que há de melhor e mais elevado em cada um de nós.

LIDERANÇA EM AÇÃO

PRATIQUE A GENEROSIDADE SEM ESPERAR PELO RECONHECIMENTO

A verdadeira generosidade é a contribuição, e não o que se recebe em troca. Embora os líderes geralmente recebam reconhecimento por seus serviços, esse não é o objetivo de servir. Encontre um modo de contribuir com um colega ou cliente anonimamente. Às vezes, servir anonimamente é uma ótima maneira de aprender como ir além da simples doação.

DETERMINE COMO VOCÊ PODE CONTRIBUIR *MAIS* E *MELHOR*

Poucos de nós podem se dar ao luxo de fazer apenas aquelas atividades para que temos talento ou somente as que gostaríamos de fazer. Mas isso não deveria nos impedir de contribuir melhor com nosso tempo, nosso conhecimento e nossa habilidade.

Como você pode contribuir melhor para os outros?

CONTRIBUIR COMO UMA FAMÍLIA

Ao assumir um projeto com seus familiares, os membros da família podem não só passar um tempo agradável juntos como também trabalhar no sentido de ajudar os outros. Toda comunidade tem um hospital, uma escola ou um asilo. O dinheiro desses lugares é geralmente limitado, e voluntários são sempre bem-vindos. Procure na vizinhança por pessoas ou organizações que precisem da sua ajuda.

PARTE 3

Como fazer uma diferença positiva

Deixe um legado de liderança

Vamos nos empenhar em viver de tal maneira que no dia de nossa morte até o coveiro fique triste.
– MARK TWAIN

Quem faz a diferença

Todo mundo é importante. Cada pessoa faz diferença.

Os cínicos podem afirmar que optam pela neutralidade e assim não fazem uma diferença nem positiva nem negativa. Na prática, não é assim que funciona.

Você conheceu recentemente alguém que estava fechado em seu próprio mundo, dando a impressão de que você não era importante o suficiente para ter permissão de entrar nele? Não é horrível ser ignorado desse jeito?

Se pressionasse essa pessoa, talvez ela lhe dissesse que estava sendo apenas "neutra". Talvez não estivesse tão interessada nem fosse tão útil a você como poderia, mas não lhe havia feito nenhum mal.

Para mim, esse tipo de raciocínio se parece com o da testemunha que, diante de um crime, opta por não se envolver. A verdade é que ela *agiu*, e negativamente, quando optou por *não* se envolver.

Em termos práticos, a neutralidade é um mito.

O maior insulto nos negócios ou na vida é a indiferença. Você não pode se envolver de modo significativo sendo "neutro". Aqueles à sua volta entenderão isso como um sinal de que você não se importa o bastante com eles.

Meu argumento é: *todas as pessoas* fazem diferença. O que está em jogo é escolher se queremos fazer uma diferença *positiva* ou *negativa*.

Ao fim do dia, você fez uma diferença positiva ou negativa na vida das pessoas com quem convive?

- Seu cliente ou consumidor, que estava numa emergência e precisava de atenção imediata.
- Seu filho, que queria que você lesse para ele à noite quando estava ocupado se preparando para outro dia de trabalho.
- O estranho a caminho do trabalho que lhe deu bom-dia e não recebeu nada como rcsposta.

O seu impacto positivo ou negativo sobre cada uma das pessoas acima varia apenas em magnitude. O princípio é o mesmo. Quando você opta por não fazer uma diferença positiva, quase sempre faz uma diferença negativa.

Nossas ações e comportamentos importam mais do que imaginamos. Os líderes entendem que *tudo* o que fazem ou deixam de fazer é significativo. O primeiro trabalho daqueles que agem como líderes é convencer os outros da importância de suas ações.

O que escolhemos fazer ou deixar de fazer pode melhorar, mesmo que apenas em alguns pequenos aspectos, a qualidade do dia ou da vida de outra pessoa.

Ação X realização

Quando um vendedor visita um cliente para falar mecanicamente sobre um produto ou serviço, ele está engajado em *agir*, mas em geral não colhe grandes resultados. Mas quando ele *mostra* ao cliente como usar seu produto ou serviço a fim de aumentar o faturamento, o vendedor está *realizando* algo.

Lidar com pessoas certificando-se de que elas façam o que deveriam fazer é uma *ação* necessária. Reservar um tempo para liderá-las a novos patamares de sucesso é uma *realização* significativa.

Que porcentagem do seu dia é consumido por ações, em vez de realizações?

Realizações têm início com o compromisso simples de, a cada dia, melhorar a vida daqueles que interagem conosco. Isso não quer dizer necessariamente que deva intervir em assuntos particulares, e sim que você pode dar força a alguém que se encontra desestimulado ou apenas alegrar o dia de uma pessoa com uma palavra de carinho ou um elogio.

Quem quer passar pela vida sem ter qualquer impacto verdadeiro sobre os outros – sem interagir ou exercer uma influência positiva? Quem quer desperdiçar 8 a 10 horas por dia em um emprego que não significa nada para si mesmo e chegar ao fim do expediente sentindo que não realizou quase nada?

Qualificações de currículo X qualificações de liderança

Nossa cultura é obcecada pelo sucesso. Partimos do pressuposto de que, se nos tornarmos realmente bons no que fazemos, receberemos em troca bens materiais e seremos premiados. Mas Richard Halverson, ex-capelão do Senado dos Estados Unidos, argumenta que nosso objetivo na vida não deveria se restringir a sermos "bons", e sim "bons *para alguma coisa*".

Se isso estiver limitado apenas ao sucesso pessoal, nosso impacto no mundo também será limitado. Em outras palavras, não confunda qualificações de currículo com qualificações de liderança.

CURRÍCULO	LIDERANÇA
O que você conquistou	Qual foi a sua contribuição
Resultados	Relacionamentos
O dinheiro que você ganhou	A diferença que você fez
A impressão que você deixou	O impacto que você causou
Sua carreira	Sua empresa, família e comunidade
Auto-aperfeiçoamento	Ajudar os outros a melhorar

Você está construindo um currículo forte ou se preparando para deixar um legado duradouro?

Acreditando em um mundo melhor

De acordo com a empresa de pesquisa Barna, apenas um em cada quatro americanos tem uma filosofia de vida. E a proporção dos que têm uma noção do tipo de legado que querem deixar é ainda menor.

A filosofia – cujo significado literal é "amor pela sabedoria" – responde às grandes questões que são a base das pequenas questões da vida. A melhor filosofia influi não apenas naquilo em que nós pensamos ou acreditamos, mas na maneira como nos comportamos. A filosofia busca responder à pergunta "Como deveríamos viver?". O que descobri ao longo dos anos é que *por que* vivemos é geralmente mais importante do que *como* vivemos.

Em seu livro *Reality and the Vision* (Realidade e a visão), o escritor Calvin Miller afirma que muitas razões o fazem ler o escritor de ficção científica Ray Bradbury. Depois de citá-las, ele diz: "Concluindo, eu leio e releio Bradbury porque preciso acreditar num mundo melhor." Acho que é exatamente isso que motiva e leva cada um de nós a agir como líderes, seja em nossa vida profissional ou pessoal. Isso se aplica tanto àquele que lidera de baixo para cima e sem se importar com publicidade e cargos quanto àquele que lidera de cima para baixo.

Reagindo às dificuldades

Eu ainda estava na faculdade quando ouvi um palestrante dizer algo que ficou gravado em mim desde então: todo mundo sofre. Por mais bem-sucedida que uma pessoa seja, sua vida pode ser dolorosa. Contratempos ocorrem todo dia. Nós nos deparamos ininterruptamente com desafios e problemas no trabalho e em outras áreas de nossas vidas. Se você não está passando por um momento desafiador ou difícil, lembre-se de que passou por algo assim no passado e com certeza vai passar no futuro.

Mudanças que abalam estruturas, concorrência acirrada, demissão, escassez de recursos e incerteza sobre o amanhã também fazem parte das "coisas rotineiras" do mundo do trabalho. Mesmo as empresas de sucesso hoje sabem (ou deveriam saber) que a distância entre ser uma estrela no auge do brilho e uma estrela cadente pode ser muito curta.

Nem todas as pessoas que encaram desafios e dificuldades aceitam o que estão passando. Constantemente tentamos lidar com um problema ignorando-o ou nos anestesiando com nossas atividades. As empresas e os indivíduos mais saudáveis são aqueles que vêem os desafios como eles são, aceitam-nos e trabalham a fim de resolvê-los.

As pessoas que agem como líderes, em certos aspectos, trabalham como negociantes de esperança. Isso não significa que tentam atenuar as dificuldades que estão enfrentando, mas que lidam com elas. E nos mostram que, com freqüência, a maior satisfação está em atacar os desafios de frente. Esses líderes têm a habilidade de focar o que está *certo* e superar o que está errado. Ajudam a encontrar o pônei em meio ao monte de estrume.

O líder ao lado

Você tem dentro de si mais fontes de energia do que as que jamais foram prospectadas, mais talentos do que os que jamais foram explorados, mais força do que as que jamais foram testadas, mais para dar do que você jamais deu.

– JOHN GARDNER, EX-SECRETÁRIO DE SAÚDE, EDUCAÇÃO E BEM-ESTAR DOS EUA

Tony estava passando por um momento estranho em sua vida. Aos 15 anos, ele era um garoto tímido e introspectivo que passara três anos no banco de reservas do time de basquete da escola. Seu técnico, que também coordenava a equipe de beisebol, desencorajou Tony a mudar de esporte para poupá-lo da vergonha de não ser aceito. Tony acatou o conselho do técnico. Seu sonho de realizações atléticas parecia ter chegado ao fim.

Foi então que numa bela manhã a campainha tocou. Quando Tony abriu a porta, encontrou seu vizinho cinqüentão, Frank

Wethern. Tony estava prestes a se virar para chamar os pais quando Frank disse:

– Não, não vim para ver seus pais, Tony. Vim para falar com você. Estou saindo para uma corrida. Quer ir comigo?

Isso foi em 1973, uma primavera depois que Frank Shorter ganhara a maratona olímpica que deu início à mania por corrida nos Estados Unidos. Mas naquele tempo correr era ainda um esporte relativamente obscuro e não gozava de prestígio entre os adolescentes, pelo menos não entre os garotos populares e "descolados". Embora Tony não estivesse particularmente a fim de se juntar a Frank, por alguma razão ele disse sim.

Eles correram até a pista da escola. Frank usou seu velho cronômetro para medir em quanto tempo Tony dava quatro voltas em torno da empoeirada pista oval. Ele levou oito minutos.

– Exatamente duas vezes mais do que Roger Bannister, o primeiro a correr 1.600 metros em menos de quatro minutos – explicou Frank.

Mas Frank não parou por aí. Ele sugeriu a Tony que ele poderia se tornar um grande fundista e talvez até mesmo quebrar o recorde dos quatro minutos algum dia. Ele incentivou seu jovem vizinho a procurar a equipe de atletismo.

Coincidentemente, na segunda-feira seguinte na escola, o Sr. Kafka, técnico de atletismo, puxou Tony de lado no corredor e disse a ele que a equipe se reuniria no dia seguinte.

– Você gostaria de correr os 1.500 metros? – perguntou o técnico.

Tony chegou em último lugar na sua primeira corrida. Mas ele perseverou. E melhorou mais e mais.

Tony Schiller se profissionalizou, tendo desfrutado uma carreira de 33 anos como um dos melhores atletas americanos de resistência. Ganhou mais de 170 corridas, incluindo 78 triatlos. Aos 47 anos, Tony ainda é um adversário para muitos atletas de elite com metade da sua idade. Na categoria acima de 40 anos, ele ganhou seis títulos nacionais e cinco mundiais. Tony também se tornou um palestrante motivacional e é fundador e diretor da MiracleKids Triathlon, uma importante instituição arrecadadora de fundos para crianças com câncer.

– Sempre imaginei o que teria sido da minha vida se, naquela manhã, Frank tivesse apenas passado correndo pela minha casa, como ele sempre fazia – disse Tony. – Até porque ele me disse que sempre acreditou que, a não ser que seja convidada, uma pessoa não deve se intrometer na vida de ninguém. Mas naquele dia em especial, ele se sentiu impulsionado a se aproximar de mim. Muitas vezes, um gesto simples, no momento certo, pode se tornar um divisor de águas para alguém. Foi o que aconteceu comigo naquele dia. Aquelas quatro voltas deram à vida de um garoto problemático um novo rumo. E é por causa disso que serei sempre grato a Frank Wethern por ele ter quebrado sua própria regra e ter se intrometido. Por alguma razão, ele e o treinador Kafka faziam parte de algum tipo de carma espiritual. Ambos não apenas se aproximaram de mim no momento em que eu mais precisava, como também fizeram isso mirando exatamente no meu dom, que esperava quietinho para ser descoberto. Estou convencido de que meu talento permaneceria oculto, ao menos por um tempo muito longo, se um dos dois não tivesse cedido ao impulso de me ajudar.

Esses dois homens deixaram um legado duradouro para Tony Schiller e para o mundo.

Por que não *você?*

Minha amiga Gloria lutava contra um tipo raro de câncer. Seis meses antes de falecer, ela me ligou para pedir que eu fosse uma das pessoas a carregar o caixão no seu funeral. Claro que eu disse sim. Mas esperava que demoraria muito até que tivesse de cumprir minha promessa. Não foi o caso.

Gloria era um ser humano cheio de vida, que encarou mais adversidades do que a maioria das pessoas que conheço. Apesar disso, nunca a vi reclamar.

Em seu funeral, uma velha amiga dela se lembrou de ter conversado com Gloria a respeito de sua doença. O câncer de Gloria era muito doloroso e ela esteve à beira da morte em várias ocasiões. Sua amiga, expressando o próprio sentimento de frustração, disse a Gloria:

– Há tantas pessoas más no mundo. Por que elas não estão sofrendo assim? Por que você, Gloria?

Gloria respondeu com o mesmo espírito invencível com que ela tinha vivido toda uma existência.

– Por que não eu? Eu tenho fé e sou forte. Eu agüento.

Esse tipo de força mental e espiritual é a marca registrada daqueles que agem como líderes na vida. Eles não tendem a se preocupar ou ficar imaginando por que coisas ruins lhes acontecem. Em vez disso, aceitam e jogam de acordo com as cartas que têm nas mãos. São capazes de encarar desafios porque crêem possuir a atitude e a habilidade de que precisam para serem bem-sucedidos.

Qual é o seu legado?

Quando visitei pela primeira vez a grande ilha do Havaí, fiquei impressionando com os campos de rocha vulcânica no caminho que percorremos do aeroporto até Kona. A estrada era ladeada por centenas de pedras brancas, que haviam sido cuidadosamente colocadas lá, em forte contraste com as rochas negras do campo de lava. Essas pedras exibiam os nomes de pessoas e a data em que elas passaram por ali: "Bob & Sally, 11/1988", "Jean, primavera de 1991".

Todos queremos que nossas vidas tenham um sentido, queremos acreditar que estamos fazendo algo que, de algum modo, será lembrado. Às vezes deixar um legado pode ser tão simples quanto colocar uma pedra na lava. Mas, para a maioria de nós, a melhor evidência que podemos deixar de que passamos pelo mundo é liderar sempre que for possível. A liderança não é uma arte misteriosa praticada apenas por uns poucos escolhidos. É a reação diária de todo aquele que deseja fazer uma diferença positiva no mundo e fazer dele um lugar um pouco melhor como resultado de seus esforços.

Em minha experiência, as marcas que deixamos na vida – nosso legado – são quase sempre gravadas não em pedras ou no aço, na história ou na política, na poesia ou na literatura, e sim na vida de outras pessoas.

Domine a arte da liderança

Um aluno certa vez perguntou ao seu mestre em artes marciais quanto tempo levaria até que dominasse a luta que estava aprendendo.

– Quando tempo você acha que vai viver? – respondeu o mestre.

Dominar a arte da liderança é, também, um processo para toda a vida. Todos nós podemos aprender a liderar melhor; e nenhum de nós dominará por completo a arte da liderança. Nesse aspecto, somos eternos aprendizes.

A vida é um laboratório de liderança. Não precisamos de um cargo ou de uma empresa para liderar. Bastam um desejo arrebatador de fazer uma diferença positiva e uma percepção das oportunidades de liderar que se mostram presentes a cada dia – no trabalho, em casa, com nossos amigos e parentes, dentro da comunidade.

Se cada um de nós optasse por liderar na hora certa e do modo certo, como seriam nossas empresas? Nossas comunidades? Nosso mundo?

Espero que algumas das idéias deste livro o ajudem a fazer uma diferença positiva.

Agradecimentos

Sou muito grato às várias pessoas que contaram histórias e me deram idéias para este livro, em particular a Dave e Sheri Hewitt, Scott McChrystal e Julie Marks Miller.

Obrigado a Andrea Stoller, Barbara Stammer, Bobby Merritt, Karen Wood e Tony Schiller por me permitirem usar suas histórias.

Obrigado a Susan Suffes e John Bolin por suas contribuições aos rascunhos deste livro.

Quero agradecer especialmente aos meus editores Roger Scholl, por sua colaboração técnica, e Michael Palgon, por seu excepcional apoio.

Meu agente literário, Sealy Yates, e meu consultor, Kevin Small, são extremamente talentosos no que fazem e também grandes amigos. Obrigado.

Minha família significa tudo para mim, por isso, obrigado, Darla, Hunter e Jackson, por seu carinho e apoio. Meu amor por vocês é maior do que imaginam.

Finalmente, e mais importante, eu agradeço a Deus por suas bênçãos.

CONHEÇA OUTRO TÍTULO DO AUTOR

O QUE APRENDI COM MEU CARTEIRO SOBRE O TRABALHO E A VIDA

Mark Sanborn

Mark Sanborn conta a história de Fred, um carteiro que conheceu em Denver, no Colorado, e por quem desenvolveu uma profunda admiração. Um "alquimista dos nossos dias", Fred faz parte daquele grupo de pessoas que são mestras em transformar responsabilidades e tarefas comuns em algo de extremo valor e importância.

Com essa leitura você descobrirá o que faz com que profissionais como Fred sejam tão especiais e aprenderá a identificá-los e a se espelhar em seu comportamento. Saberá como construir relacionamentos que lhe permitam conhecer os outros o suficiente para ser criativo e tomar iniciativas que não custam muito dinheiro mas que podem fazer uma grande diferença em todas as áreas da sua vida.

CONHEÇA OUTROS TÍTULOS DA EDITORA SEXTANTE

AS REGRAS DA RIQUEZA

Richard Templar

Quantos de nós não sonham em ter dinheiro suficiente para levar uma vida confortável e sem preocupações financeiras? Ainda que o dinheiro não traga felicidade, é evidente que ele nos proporciona benefícios. Poucos, porém, conhecem o caminho para a prosperidade. Os demais se perguntam: por onde começar? Como as pessoas ficam ricas? Será que elas têm sorte ou sabem algo que eu não sei?

Esse livro revela exatamente isto: os segredos dos indivíduos bem-sucedidos — o que eles fazem para ganhar e conservar muito dinheiro. Aqui você encontrará um precioso conjunto de 100 regras baseadas no comportamento, na forma de pensar, no estilo de vida e no conhecimento financeiro de quem soube conquistar e preservar a riqueza.

QUERO CONSTRUIR A MINHA HISTÓRIA
Fernando Dolabela

Empreendedorismo se aprende em casa. Pioneiro na criação de metodologias de ensino para incentivar o potencial empreendedor, Fernando Dolabela – autor de *O segredo de Luísa*, com mais de 200 mil livros vendidos no Brasil – busca agora conscientizar os pais de que eles têm um papel decisivo na formação do espírito empreendedor dos filhos.

Dolabela consegue mesclar uma boa história com depoimentos de empresários brasileiros bem-sucedidos e informações fundamentais para quem deseja disseminar a cultura empreendedora. Cada capítulo remete a um ou mais anexos no final do livro, que exploram os aspectos mais técnicos ou didáticos do empreendedorismo.

NUNCA DEIXE DE TENTAR
Michael Jordan

Esse é o primeiro título da coleção Na Vida Como no Esporte, que revela os princípios nos quais grandes atletas e treinadores pautaram suas trajetórias e mostra como esses valores transcendem o universo esportivo e podem ser aplicados à vida pessoal e profissional.

Organizada pelo técnico da seleção brasileira masculina de voleibol, Bernardinho, a série abre com o depoimento de Michael Jordan sobre sua busca pela excelência e os fundamentos que nortearam sua brilhante carreira.

De forma simples e direta, Jordan ressalta a importância de fixar metas, manter o foco e não se deixar paralisar pelo medo, e conta como sempre encarou o fracasso como combustível para novas tentativas.

COMO ENCANTAR SEUS CLIENTES
Bob Miglani

O atendimento ao cliente é a base de todo negócio bem-sucedido. Nesse livro, Bob Miglani, hoje um importante executivo de uma das maiores empresas dos Estados Unidos, revela os princípios de atendimento e vendas que aprendeu atrás do balcão da sorveteria de sua família.

Bob aborda os pontos essenciais de um atendimento nota 10, compartilhando técnicas de fácil aplicação para lidar com clientes difíceis, aumentar o valor das vendas, diminuir o estresse, motivar a equipe e fazer com que os fregueses voltem sempre.

O ESTILO 80/20
Richard Koch

Ao contrário do que o mundo moderno nos leva a crer, podemos aproveitar mais a vida, colocar as pessoas que amamos em primeiro lugar e nos dedicar à realização dos nossos sonhos. Segundo Richard Koch, o segredo para isso está em fazermos menos de modo geral, e não em nos esforçarmos mais.

A abordagem de Koch gira em torno de duas leis: a do foco, ou menos é mais, e a do progresso, como criar mais com menos. Você aprenderá a aplicá-las a si mesmo, ao trabalho e ao sucesso, às finanças, aos relacionamentos e ao cotidiano. Além disso, saberá como desenvolver um plano de ação para transformar sua vida.

INFORMAÇÕES SOBRE OS PRÓXIMOS LANÇAMENTOS

Para receber informações sobre os lançamentos da EDITORA SEXTANTE, basta enviar um e-mail para atendimento@esextante.com.br ou cadastrar-se diretamente no site www.sextante.com.br

Para saber mais sobre nossos títulos e autores, e enviar seus comentários sobre este livro, visite o nosso site: www.sextante.com.br

EDITORA SEXTANTE
Rua Voluntários da Pátria, 45 / 1.404 – Botafogo
Rio de Janeiro – RJ – 22270-000 – Brasil
Telefone (21) 2286-9944 – Fax (21) 2286-9244
E-mail: atendimento@esextante.com.br